经典沉深，载籍浩瀚。

——〔南朝·宋〕刘勰《文心雕龙·事类》

睹乔木而思故乡，考文献而爱旧邦。

——张元济《四部丛刊·征启》

南京出版社 编

金陵全书

十周年总目提要

2009—2019

南京出版传媒集团
南京出版社

图书在版编目（CIP）数据

金陵全书十周年总目提要：2009-2019 / 南京出版
社编 . -- 南京：南京出版社，2019.12
　　ISBN 978-7-5533-2688-7

　　Ⅰ . ①金… 　Ⅱ . ①南… 　Ⅲ . ①地方文献—内容提要—
南京 　Ⅳ . ① Z812.253.1

　　中国版本图书馆 CIP 数据核字（2019）第 248542 号

书　　　名　金陵全书十周年总目提要（2009—2019）
作　　　者　南京出版社
出版发行　南京出版传媒集团
　　　　　　南 京 出 版 社
　　社址：南京市太平门街53号　　　　邮编：210016
　　网址：http://www.njcbs.cn　　　　电子信箱：njcbs1988@163.com
　　联系电话：025-83283893、83283864（营销）　　025-83112257（编务）

出 版 人　项晓宁
出 品 人　卢海鸣
责任编辑　程　瑶
封面设计　赵海玥
版式设计　王　俊
责任印制　杨福彬

排　　版　南京新华丰制版有限公司
印　　刷　南京艺中印务有限公司
开　　本　787毫米×1092毫米　1/16
印　　张　12
字　　数　190千
版　　次　2019年12月第1版
印　　次　2019年12月第1次印刷
书　　号　ISBN　978-7-5533-2688-7
定　　价　100.00元

南京出版社
图书专营店

《南畿志》书影

志南畿叙

余姚聞人詮撰

都會形勝率舉金陵然多偏安未得所統惟我

高皇定鼎訊逐元胡混一區宇洪甸萬國省別諸

夏直隸輔畿而金陵之勝雄越往昔

文皇繼作改建燕都分峙兩京南北儷壯陋眠豐

鎬多觀關洛居重於北留都於南而金陵所部

稱多南畿焉是故考興圖則跨坼吳楚表世代則

逐紹陶虞物山川則薈萃鍾霍蜿蜒江淮賦土

《景定建康志》书影

重刻景定建康志序

宋馬光祖以觀文相尹邵時請於朝屬

幕僚周應合撰景定建康志五十卷續乾

道慶元二志爲書一千七百二十八版藏

府學御書堂中至明嘉靖間黃佐作南雝

志止存七百五十九版

國朝朱氏奕葺跋此書云訪之三十年始從

《康熙江宁府志》书影

江寧府志卷之三

星野 祥異附

九州之地各有分星故史記天官書以在天十二舍

至在地十二州周禮周官保章氏以星土辨九州之

封域以觀妖祥此萬世郡邑之準也然鄭樵言非因

封國始有分星唐一行謂分星有山河脈絡之屬雲

漢升沉之繫認而識之可以見其相配鄭樵取之遂

謂其區處分野如指諸掌近世蘇平仲又指其疏遠

而謂分野分星古不謂地又引有分星而無分野之

言以證其不必盡泥雖然以史冊觀之四星聚牛女

《正德江宁县志》书影

江寧縣志目錄

縣境圖 弁叙

縣治圖

第一卷

沿革圖 弁叙

官守表

建置沿革

分野

疆域

第二卷

《民国江浦县新志稿》书影

江浦縣志
輿地志 沿革 界至 形勝 山 鄉保
集鎮 自治區 戶口

明初析置浦邑地視鄰封僅半輿地似不廣矣然在前
代則屏藩省會在民國則拱衛首都津浦路綫街接澄
宰無事則商貨流通有事則中原絹轂誠江淮間一大
重鎮也沿革漢唐以上界至多蘇皖之交邑雖彈丸
形勝實居要黑山如櫛比林業盡中權全縣區域保
統於鄉民國以來一變而為匪鎮鄉晉
得亦自治鄉民國以來一變而為匪鎮鄉晉
著亦體圖經野所有事也志輿地

《牛首山志》书影

牛首山志序
昔泰皇帝表南山之顛以為闕漢民因之
故蕭相國獨營北闕西京賦所云
南是也牛首高廣不能當終南然居京之
陽雙峯交竦晉人狀之天闕豈以其毋庸
人力表襮以論厥勝可觀矣始
秦未帝時僻廬西垂廬詩八已本其所有始
之故曰有條有梅有紀有堂孫孫吳迄今
建都江左非一姓矣而是山巍然作表不
殊終南又有日矣
十

《莫愁湖志》书影

作坐起拜跪胡紛綸戶外觀者立如堵駭笑莫解為
何因猶憶去年夏六月納涼賞玩荷花春今相較樂
正似座中可惜無汪倫被欲先與諸君約末犀香日
秋光新行者居者重復聚再開一會仍率真帳欲西
郊當祖道北上同催計吏輪大書題壁為息壞斯盟
誰鑒湖之神
雨生陳作霖呈稿
集卷

《金陵梵刹志》书影

金陵梵刹志序
西教入支那始於東漢
最熾於六朝維時迤都金
陵鷲宮鹿苑盛甲寰內所
謂四百八十寺者是迤歷唐
逮宋崇替靡常

《钟山书院志》书影

鍾山書院志序

治天下以得人才風俗為先
務風俗之淳漓根乎人才之盛
衰人才盛則風俗淳矣風俗之
所以能淳由其中有人才輩出
倡導觀摩故士有文焉而稠人

《建康实录》书影

建康實錄敘

高陽許嵩撰

司馬子長善敘事古稱良史然敘
頗謬於聖人言論數篇以為所載高述而不佞論是非
好古今質正傳旁採遺文始自吳起漢興平元年終
年其齊貝吳之首事及晉吳太康之後三十餘載復
涉西晉之年泊瑯琊東遷太興即位元年始為東晉
首年東晉一十一帝一百二十二年而禪于齊七帝二十四年
十年而入于陳陳五帝三十三年而禪于隋開皇元
五十六年而禪于齊七帝二十四年而禪于梁梁五帝
年陳建首号梁之末年梁稱元年齊之末年齊初即

《南唐书》书影

南唐書卷之一

先主

先主姓李唐宗室裔小字彭奴其父榮性謹厚
土運中圮諸侯跋扈基搆自吳紹于唐祈作先主書
先主之父徐州判司因家焉榮之父志
志之父超超蠻牟志民間號李道者彭奴以光啟四年生
適丁世亂晦迹流寓濠泗吳武王楊行密克濠州得
於彭城書小字故未名養以為子而楊氏諸子不能容以
之奇其狀貌徐名知誥嘗夢水中黃龍十數溫獲
乞徐溫乃姓徐名知誥知誥奉溫以孝聞從溫出不
一龍而寤翌日得知誥知誥奉溫以

《南京都察院志》书影

南京都察院志題調

今天子龍飛之歲詔修

神

光兩朝寶錄徵諸司敦實下南畿
史庭兄達會拜操江之
命代庖董事詢之掌故茫無應

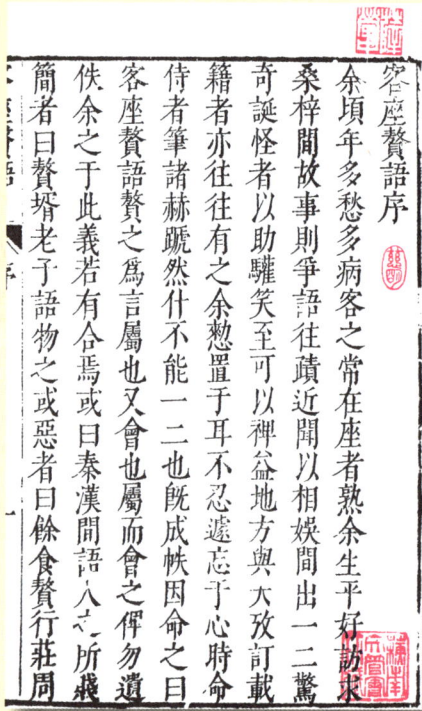

余頃年多愁多病客之常在座者熟余生平好訪求桑梓間故事則爭語往蹟近聞以相娛間出一二驚奇誕怪者以助驩笑至可以禆益地方與大攷訂載籍者亦往往有之余慇置于耳不忍遽忘于心特命侍者筆諸赫蹏然什不能一二也旣成帙因命之曰客座贅語之爲言屬也又曰會也屬而會之懼勿遺佚余之于此義若有合焉或曰贅壻老子語物之或惡者曰餘食贅行莊周

客座贅語序

《客座赘语》书影

南京市政府公報
第九十七期
民國二十年十二月二十五日出版

《（民国）南京市政公报》书影

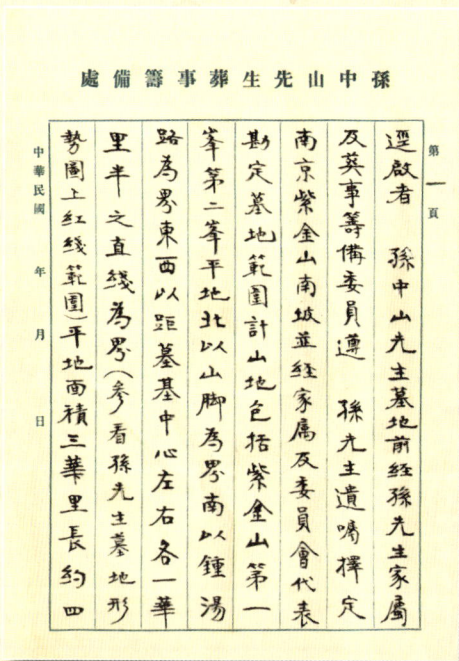

孫中山先生葬事籌備處

第一頁

迻啟者 孫中山先生墓地前經孫先生家屬及英事等備委員遵孫先生遺囑擇定南京紫金山南坡並經家屬反委員會代表勘定墓地範圍計山地色括紫金山第一峯第二峯平地北以山脚爲界南以鍾湯路爲界東西以距墓基中心左右各一華里半之直線爲界（參看孫先生墓地形勢圖上紅綫範圍）平地面積三華里長約四

中華民國　年　月　日

《中山陵档案》书影

90010
NO.

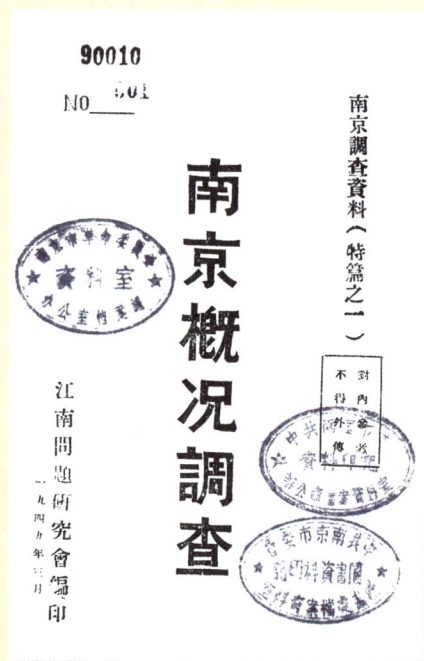

南京調查資料（特篇之一）

南京概況調查

江南問題研究會編印
一九四九年三月

《南京调查资料》书影

经典沉深，载籍浩瀚

——记《金陵全书》编纂出版十周年

卢海鸣

盛世崇文，太平修典。《金陵全书》自 2009 年启动编纂工作，至 2019 年已经整整走过十周年的历程。十年来，《金陵全书》数量从无到有，规模从小到大，影响从弱到强，质量精益求精，不仅是南京、江苏乃至我国优秀传统文化挖掘、整理、传承、弘扬和发展的一项重要文化工程，更是我国历代文献典籍化身百千的一个典型实例。

一、编纂缘起

南京是我国著名的四大古都之一，素有"六朝古都""十朝都会"的美誉。虎踞龙盘的南京城，在近 2500 年的建城历史中，多次拯救中华文明于危亡之中，承前启后、存亡续绝、传薪播火、绵延不断，孕育了丰富多彩、兼容并蓄的"南京文化"，其中以灿烂的六朝文化、绮丽的南唐文化、磅礴的大明文化和缤纷的民国文化尤为令人瞩目。

然而，由于历史上的兵燹战乱和风雨侵蚀，南京历史上的辉煌成就以物质文化形态留存下来的相对较少，以非物质形态传承下来的更是凤毛麟角，更多的是记忆遗产的形式保存在图书典籍之中。这就是珍藏着南京这座古都文化乃至中华文脉有机组成部分的宝库——南京文献。

以六朝葛洪《抱朴子》、刘义庆《世说新语》、萧统《昭明文选》、刘勰《文心雕龙》、范晔《后汉书》、沈约《宋书》、陶弘景《肘后备急方》、钟嵘《诗品》、萧子显《南齐书》，唐朝许嵩《建康实录》，南唐李璟、李煜《南唐二主词》，宋朝周应合《景定建康志》和马令、陆游《南唐书》，元朝张铉《至正金陵新志》，明朝礼部《洪武京城图志》、明朝官方《寰宇通衢》、解缙等《永乐大典》、陈沂《金陵古今图考》、胡正言《十竹斋书画谱》，清朝吴敬梓《儒林外史》、孔尚任《桃花扇》、曹雪芹《红楼梦》、陈作霖《金陵琐志九种》，民国王焕镳《首都志》、朱偰《金陵古迹图考》等为代表的南京文献，是世世代代的南京人乃至华夏子孙共同经验、智慧与启示的结晶，也是南京人民、中国人民，乃至世界人民的共同财富。

南京文献绵延不绝，其数量之巨，卷帙之繁、内容之广、版本之多、价值之大，令海内外专家学者为之惊叹。据不完全统计，截至 1949 年中华人民共和国成立，保存下来不同版本的南京文献近万种，其数量不仅在我国历史文化名城中独领风骚，而且在世界各国古城中也是遥遥领先。

时至今日，流传下来的南京文献典籍分散收藏在全国各地的图书馆、博物馆、档案馆，甚至流散在民间和国外，除了少数文献经过重新出版之外，大多数文献长期束之高阁，鲜有人问津，而广大读者想要查找阅读这些散见的地方文献，十分不便。这些前人留给我们的文化瑰宝没有得到应有的重视，其资治、存史、教化、育人功能没有得到应有的发挥。因此，全面、系统、完整地挖掘、整理、传承、弘扬南京留给全人类的这些不朽作品，显得格外重要。

优秀传统文化是中华民族的根与魂，也是建设当代中华文明大厦的"奠基石"和创新发展的"阶梯石"。优秀传统文化在涵养社会主义核心价值观、建设社会主义文化强国中具有重要作用。优秀传统文化主要是以文献典籍为载体。历朝历代，人们自觉地通过各种方式保存和整理文献和典籍，阐释其文化内涵，并从中汲取智慧和养分。习近平总书记指出："提高国家文化软实力，要努力展示中华文化独特魅力。……要系统梳理传统文化资源，让收藏在禁宫里的文物、陈列在广阔大地上的遗产、书写在古籍里的文字都活起来。"其中让"书写在古籍里的文字活起来"，对我们挖掘、整理南京文献具有重要的指导意义。

21 世纪以来，中共中央和国务院对文献整理出版工作一直高度重视，专门成立了全国古籍整理出版规划领导小组，领导小组办公室设在国家新闻出版广电总局，负责制定国家古籍整理出版规划，还设立了国家古籍整理出版资助基金。全国各地积极响应，纷纷整理出版代表本地历史文化特色和品位的优秀典籍，古籍文献重新整理出版呈现出方兴未艾的态势。2017 年，中共中央办公厅、国务院办公厅印发了《关于实施中华优秀传统文化传承发展工程的意见》，其中第 8 条"深入阐发文化精髓"中明确指出"加强中华文化典籍整理编纂出版工作"。江苏省也于 2017 年启动了江苏文脉整理与研究工程。江苏文脉整理与研究工程的成果是《江苏文库》。

在此背景下，对南京历代流传下来的文献典籍进行系统整理出版，不仅可以满足广大读者日益增长的精神文化需求，同时也可以使南京优秀传统文化进一步发扬光大。

二、编纂源流

历史上，南京曾经多次高质量地对传统文化进行过系统整理和出版，其中突出的有四次。

第一次是距今 1500 年前的梁朝。昭明太子萧统组织编纂了我国历史上的最早诗文总集《昭明文选》，它选录了先秦至南朝梁代八九百年间 100 多位作者撰写的 700 余篇各种体裁的文学作品。

第二次是距今 600 多年前的明朝永乐年间（1403—1424），明成祖朱棣命令解缙、姚广孝等在南京组织整理出版了中国古代最大的百科全书《永乐大典》22937 卷，11095 册，约 3.7 亿字，汇集了我国上自先秦、下迄明初的各种典籍资料达七八千种，是中国古代最大的类书。《大不列颠百科全书》称《永乐大典》为"世界有史以来最大的百科全书"。可惜的是，该书大多亡于战火，今仅存 800 余卷，且散落于世界各地。

第三次是民国年间，南京通志馆卢前馆长组织编印了一套《南京文献》。《南京文献》每月一期，从 1947 年 1 月至 1949 年 2 月共刊行了 26 期，收入南京地方文献 67 种，包括元明清到民国各个时期的著作，其中收录的部分民国文献今天已经成为绝版。

第四次是 2006 年至今。自 2006 年开始，南京出版社和南京市地方志办公室等单位合作，编辑出版了"南京稀见文献丛刊"，到 2019 年 12 月为止已经出版 66 册 102 种。"丛刊"选取六朝至民国年间比较稀见的南京文献进行点校，以满足普通读者的需求，目前仍在不断出版中。

上述整理，或属于首创，内容单薄，《昭明文选》是也；或广征博采，内容庞杂，《永乐大典》是也；或兼收并蓄，内容芜杂，民国《南京文献》是也；或囿于地域，内容狭窄，今日之"南京稀见文献丛刊"是也。尽管如此，这些文献整理为当代《金陵全书》的编纂出版提供了有益的镜鉴。

三、编纂历程

2009 年 12 月 24 日，中共南京市委、市政府正式启动南京市重点文化工程《金陵全书》的整理出版工作。在市委宣传部的直接领导下，由南京出版传媒集团·南京出版社与南京市地方志编纂委员会办公室、南京市档案局（馆）、南京图书馆，以及国内外的相关图书馆和档案馆通力合作，将南京历代流传下来的作品分为"方志""史料""档案""文献"四个系列，进行全面、系统、完整的整理并影印出版。首次借助最先进印刷技术，部分内容采用双色套印和四色彩印，高度还原文献原貌，最大限度地确保了文献的价值。在此前后，我们主要做了以下几项工作。

1. 确立标准，摸清家底

《金陵全书》在启动之初就被列为"南京市重点文化产业项目特色品牌"，一开始的目标就是打造"传世精品"，以与南京这座中外闻名的历史文化名城的地位相匹配。为此，我们成立了《金陵全书》编辑出版委员会，聘请了南京大学历史学院资深教授蒋赞初、茅家琦先生，南京博物院原院长梁白泉先生，担任特聘学术顾问，对《金陵全书》的编纂出版工作进行宏观指导。同时，我们还成立了《金陵全书》专家组，聘请南京大学贺云翱、范金明、程章灿、胡阿祥、夏维中教授，南京师范大学江庆柏教授，以及南京图书馆徐忆农研究员、南京博物院王明发研究员、南京市地方志办公室杨永泉等全国知名专家学者，给予具体指导并承担具体工作。在出版社内部，我们成立了《金陵全书》编纂工作小组，抽调社内学有专长的编辑作为成员，具体负责编纂出版工作。

我们首先组织专家们就《金陵全书》的收录范围，进行论证，确定了以下几个标准：

（1）时间上限不限，下限截至 1949 年中华人民共和国成立，个别图书时间可以适当放宽。

（2）空间以现在的南京行政区为主，兼顾历史上南京的辖区。

（3）内容必须积极向上。

（4）题材不限。

（5）版本尽可能选择最早、最好的善本和孤本。

根据上述标准，江庆柏、程章灿、杨永泉、吴小铁、徐忆农等专家，不辞辛劳，对现存南京地方文献的种类、数量、保存现状以及收藏地点进行深入细致的调研，编制了一份长约300页的《南京古籍目录》以及长达88页的《金陵全书·文献编书目》。

2.守正创新，广泛搜罗

南京的文献典籍不仅数量多，而且内容广，经史子集无所不包。对于流传下来的南京文献，如何合理的分类？采用点校出版还是影印出版？凡此种种，成为《金陵全书》编纂必须要解决的问题。

就目前国内已经整理出版的文献典籍而言，基本上都是沿袭传统的经史子集的套路，主要集中在方志的整理、史料的编纂。守正有余，创新不足。我们经过调研，认为传统的经史子集分类固然有其独特的优势，但是，时代在发展，文献典籍的内涵在扩大，我们既要传承文化，更要发展文化。专家们集思广益，经过反复论证，决定将民国档案纳入《金陵全书》之中，由此在全国范围内开创了民国档案纳入文献典籍整理的先河。最终，确定《金陵全书》分为"方志编""史料编""档案编"和"文献编"四大类。

"方志编"，收录南京历代通志、府志、县志、专志。

"史料编"，收录内容以南京为题材的文献典籍。

"档案编"，收录1912—1949年间与南京相关的档案。

"文献编"，收录在南京撰写的，或者南京人撰写的，或者在南京首次刻印的非南京题材的文献典籍。

在四大类中，每一类收录的文献典籍和档案均按时间先后顺序排列。同时，确定采用影印出版的形式，尽可能原大呈现，每一页的正反两面为原书的一个筒子页。

在《金陵全书》编写框架和呈现方式确立后，我们所面临的最大困难就是，相关文献典籍和档案分别收藏在全国各地数十家单位和部门，既有专业的图书馆、档案馆、美术馆，又有高校、科研院所、博物馆、纪念馆和书店。仅南京本地的收藏单位和部门就有 10 家左右，如南京图书馆、南京市档案馆、南京市城建档案馆、江苏省美术馆、中国科学院南京古生物研究所、南京大学、南京博物院、孙中山纪念馆、南京新华书店杨公井古旧书店等；南京之外的收藏单位和部门就更多了，如中国国家图书馆、上海图书馆、北京大学、复旦大学、清华大学、上海博物馆、宁波天一阁、常熟图书馆、台湾"中央图书馆"和"国立中央研究院"等。

在专家学者们的指导帮助下，在相关部门的大力配合下，《金陵全书》编纂出版工作小组成员按图索骥，"上穷碧落下黄泉"，先后与相关收藏单位联系，得到了积极回应和鼎力支持，使得《金陵全书》的编纂出版工作顺利推进。值得一提的是，一些长期束之高阁的孤本、珍本和内部印刷本，因《金陵全书》的收录，在尘封千百年后得以一露真容。如，《景定建康志》是南京现存最早的官修志书，其编撰体例为后世广泛沿用，《金陵全书》采用南京图书馆馆藏金陵孙忠愍祠仿宋刻本，首次原大影印出版。《康熙江宁府志》（于成龙本），中国国家图书馆藏清康熙二十二年（1683）红格精抄本为海内孤本，《金陵全书》首次原大影印出版。《正德江宁县志》，中国国家图书馆藏明正德十六年（1521）增修本从未出版过，《金陵全书》首次原大影印出版。《南京吏部志》，《金陵全书》采用的是台北"中央图书馆"藏明天启二年（1622）刊本。《南京大理寺志》明嘉靖孤本，仅存卷六、卷七，珍藏在宁波天一阁，也是首次面世。1948 年底至 1949 年初，为配合解放南京、管理南京、建设南京，中共领导下的华东中央局社会部（化名"江南文化研究会"）组织编印的《南京调查资料》22 册；第二野战军组织中共南京地下党以"书报简讯社"名义编印的《南京概况》（上下册），都是首次通过《金陵全书》得以重见天日……上述版本，因为收入《金陵全书》之中而得以化身千百。这些版本的收录也在无形之中提升了《金陵全书》的品位、价值和内涵。

在编纂《金陵全书》过程中，涉及单位和部门从中央到地方有 50 多个，参与人员达 150 多人。编辑人员对每种文献逐页核对，对内页顺序混乱、缺漏的，经过几个版本的比对，全部补足缺页、漏白，使之成为全世界最完整的版本。收入《金陵全书》中的每一种图书，前面均有一篇业内知名专家学者撰写的"提要"，就作者、时代背景、主要内容、价值、版本源流进行解读，以便读者加深对作品的了解。

3. 循序渐进，亮点迭出

《金陵全书》编纂困难之大，超过了我们的预期。从搜集资料、遴选版本、购买版权，到书名卷数的核定、作者籍贯之确认、方志文献史料档案之分类，以及专家提要之撰写，每一步都充满艰辛。经过不懈努力，攻坚克难，上下求索，久久为功。截至 2019 年 12 月已出版 265 册，我们完成了总出版规划册数 500 册的二分之一以上。具体如下：

2010 年 8 月出版了第 1 批 9 册，2010 年 12 月出版了第 2 批 11 册，2011 年 6 月出版了第 3 批 30 册，2011 年 9 月出版了第 4 批 4 册，2012 年 4 月出版了第 5 批 20 册，2012 年 12 月出版了第 6 批 24 册，2013 年 9 月出版了第 7 批 22 册，2013 年 12 月出版了第 8 批 18 册；2014—2019 年出版了第 9 至第 14 批，共 127 册。

目前已经出版的《金陵全书》265 册，包含甲编方志类、乙编史料类、丙编档案类三大类。三大类形成了十个完整的体系，创造了南京优秀传统文化整理史上的"十个第一"：

一是第一次将南京历代府志系统地搜集整理出版。最早的是南宋周应合编纂的《景定建康志》，最晚的是民国《首都志》，共计 9 种 26 册。

二是第一次将南京历代上元、江宁、六合、江浦、溧水、高淳县志系统整理出版。如，明代《万历上元县志》，清代《康熙上元县志》《乾隆上元县志》《道光上元县志》(注：上元县包括今天南京鼓楼区、玄武区、秦淮区、建邺区、栖霞区)；明代《正德江宁县志》《万历江宁县志》，清代《康熙江宁县志》《乾隆江宁县新志》《同治上江两县志》等，共 40 种 56 册。

三是第一次将南京历代山水、园林、寺庙等专志分门别类汇集整理出版。如，《栖霞小志·摄山志·栖霞新志》《牛首山志·献花岩志·盋山志·石城山志·南汤山志·覆舟山志》《秦淮志·运渎桥道小志·后湖志·金陵后湖事迹·后湖事迹汇录·玄武湖志》《莫愁湖志·莫愁湖志·添修莫愁湖志·莫愁湖志·浦口汤泉小志》《金陵园墅志·瞻园志·明孝陵志·总理陵园小志》《金陵梵刹志》《折疑梵刹志》等，共 37 种 15 册。

四是第一次将六朝史料系统汇集整理出版。包括《建康实录·建康实录校记》《六朝事迹编类·六朝故城图考·南朝寺考》《梁代陵墓考·南朝太学考·六朝陵墓报告·建康兰陵六朝图考》9 种 4 册。

五是第一次将南唐的史料系统汇集整理出版。包括《钓矶立谈·江南别录·江表志·南唐书》《江南野史·南唐书》《江南余载·金陵防守利便·唐余纪传·放生池古迹考》10 种 3 册。

六是第一次将明初建文朝史料系统汇集整理出版。如，《洪武圣政记·渤泥入贡记·东朝记·逊国正气纪·翦胜野闻》《逊国臣传·建文忠节录·建文逊国之际月表·建文帝后纪》等 17 种 6 册。

七是第一次将明代职官史料系统汇集整理出版。包括《南京吏部志》《南京刑部志》《南京都察院志》《南枢志》等 19 种 31 册。

八是第一次对民国首都南京市政公报进行全面系统的搜集整理出版。《首都市政公报》（398 期）全面记录了 1927—1949 年民国首都南京财政、税收、物价、慈善、教育、卫生、公共交通、市政规划、城市建设、娱乐场所、公园及风景名胜地、社会治安等方面情况。共 47 册，其中索引 2 册。将民国档案纳入《金陵全书》堪称是前所未有的一个创举。

九是第一次对南京中共地下党史料进行全面系统的搜集整理出版。如，《南京调查资料》（原书 22 册）、《南京概况》（上、下）共 2 种，是中国共产党人在 1949年 4 月解放南京前夕，为保护南京而编写的情报资料，对于研究民国南京政治、经济、军事、文化和外交，均具有重要参考价值。现汇集成 7 册出版。

十是第一次将中山陵档案系统汇集整理出版。包括《葬事筹备》、《陵墓及纪念工程》、《陵园管理》（上、下）、《陵墓建筑》、《哀思录》（上、下）、《总理奉安实录》等 15 册。

2019 年，在《金陵全书》编纂出版十周年之际，我们正式启动《金陵全书》的第四大版块——"文献编"的编纂出版工作。"文献编"主要收录的作品虽然主题和内容与南京关联度不大，但是，这些作品或是南京人编写的，或是在南京编写的，或是在南京刻印的。总之与"南京"这座城市有关，是南京文化密不可分的一个重要组成部分。"文献编"与"方志编""史料编""档案编"环环相扣，相互补充，形成一个完整的有机统一体。

《金陵全书》按照现在每年 20 册的出版速度，500 册全部出齐大约还需要 8 年时间。届时，我们这套皇皇巨著将成为南京建城 2500 年（公元前 472—公元 2028）的献礼之作，而以下的一串串数字将永久地刻在南京历史文化的丰碑上。

总册数 500 册；

总字数 3.2 亿字；

总页数 32 万页；

总厚度 20 米；

总投资额达 6000 万元；

涉及单位和部门约 50 个；

参加编纂人员达 150 人；

编纂时间近 20 年。

"经典沉深，载籍浩瀚。"（刘勰《文心雕龙》语）《金陵全书》十周年出版历程，堪称是南京和江苏当代文化史乃至我国地方传统文献整理史上的里程碑。它博采众长，自成一体，惠及当代，泽被千秋。通过《金陵全书》的编纂出版，我们不仅培养了一批专业作者队伍，锻炼了一批新老编辑，吸引了一批忠实读者，加深了与众多单位和部门的合作，而且为中华优秀传统文化的挖掘、整理、传承、弘扬和发展树立了一个成功的典范。

目 录

❦ 简 介 ❧

　　《金陵全书》是南京历代地方文献档案的总汇，是南京历史上继明朝政府编纂《永乐大典》以来的又一重大文化工程。《金陵全书》分甲、乙、丙、丁四编，其中甲编包含历代通志、府志、县志、专志；乙编是内容以南京为主题的史料；丙编是内容以南京为主题的历史档案；丁编是南京人写的作品或编写、刻印于南京的作品。

　　《金陵全书》总数约500册，大16开本，硬封布面精装，甲编、乙编、丙编、丁编四大类分别用深蓝、墨绿、棕色、红褐四种颜色区分，每册800页左右，基本上是采用原大影印出版。

自 2009 年 10 月 24 日启动《金陵全书》编纂工作以来，甲编方志类已出版历代通志、府志、上元县志、江宁县志、六合县志、江浦县志、溧水县志、高淳县志，山水、陵墓、园林、庙宇、船厂、普育堂、书院专志等 125 册；乙编史料类已出版六朝史料、南唐史料、明代史料等 61 册；丙编档案类已出版民国南京市政府公报及索引、南京调查资料及南京概况、中山陵档案、江南水泥厂档案、南京近代教育档案等 79 册；丁编文献类编纂工作也正式开始启动。截至 2019 年 12 月，《金陵全书》已出版 265 册，完成总数量一半。

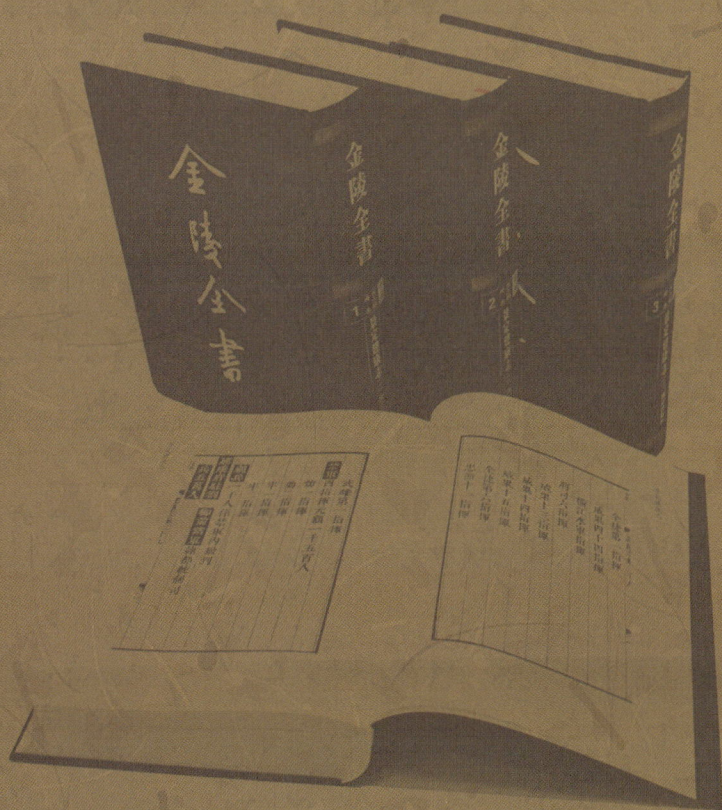

甲编·方志类

通志

《金陵全书》甲编·方志类·通志共有3种28册（总定价36400元），上起明代，下至清代，是研究南京乃至江苏、安徽、上海两省一市历史的重要文献。

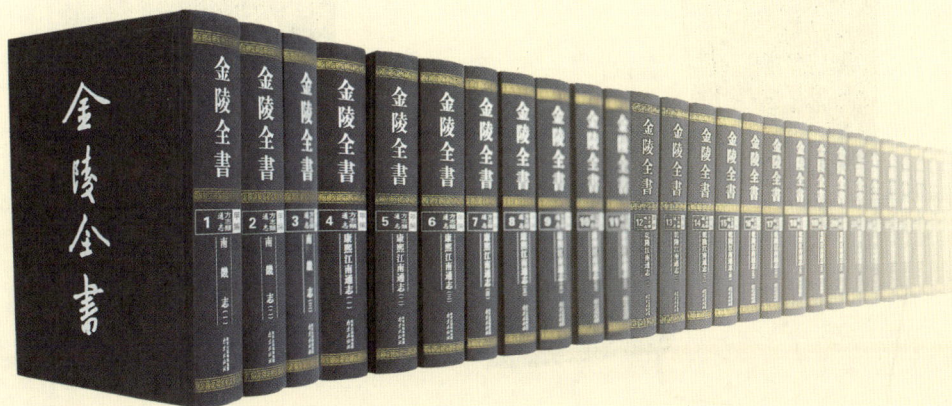

南畿志

〔明〕闻人诠　修，陈沂等　纂

　　明代方志，记述范围包括今江苏、安徽、上海三地。书前有闻人诠《志南畿叙》、陈沂《南畿志序》、凡例、辑志名氏、南畿志总目、分卷目录。正文分总志与郡县志两大板块，其中卷一到卷三为总志；卷四到卷六十四为郡县志，依次为应天、凤阳、苏州、松江、常州、镇江、扬州、淮安、庐州、安庆、太平、宁国、池州、徽州诸府，广德、滁、徐、和诸州。总志分都城图、南都纪、南畿地理图、畿土世代表、志命官、志户口田赋、志水利、志戎备八门。郡县志以府州为单位，各单元分立沿革、区域、城社、建牧、学校、祠墓、古迹、宦迹、人物、列女、方外、艺文诸门。此书对"长三角"地区社会、文化的高度融合，乃至当前的经济一体化发展，都具有积极的意义和深远影响。

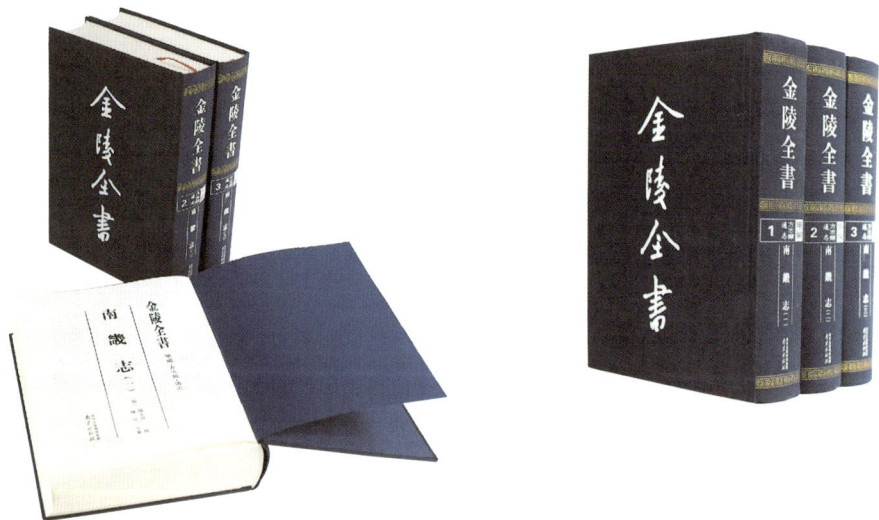

◎ 版本信息：中国国家图书馆藏明嘉靖十三年（1534）刻本，64卷。全3册，定价3900元，2017年7月出版。ISBN 978-7-5533-2003-8

康熙江南通志

〔清〕于成龙、王新命等　修，张九征、陈焯等　纂

　　清代方志，记述范围包括今江苏、安徽和上海三地，尤其注意展现江南地区独特的政治、经济、文化状况。所涉及门类依次为图考、建置沿革、星野、祥异、疆域（形势附）、山川（关津桥梁附）、风俗、城池、兵制、河防、江防海防、水利、封建、户口（屯丁附）、田赋（屯田芦课附）、漕运、关税、盐政（钱法附）、驿传（船政附）、蠲恤、物产、职官、公署、学校（贡院书院附）、选举、祠祀、陵墓、古迹（寺观附）、帝王（僭窃附、后妃附）、名宦、人物、孝义、列女、隐逸、流寓、仙释、方伎、艺文。各门类之前有序，概述本门类主旨，阐述修纂者的观点。

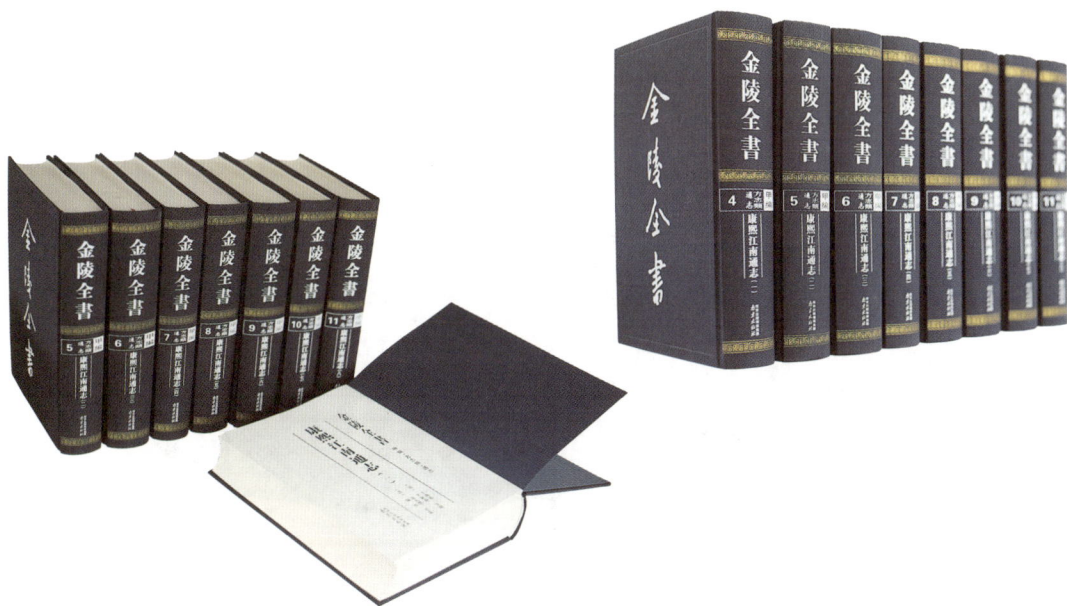

◎ 版本信息：南京图书馆藏清康熙二十三年（1684）江南通志局刻本，并用日本京都大学图书馆藏本校补，76卷。全8册，定价10400元，2017年7月出版。

ISBN 978-7-5533-2005-2

乾隆江南通志

〔清〕尹继善等　修，黄之隽等　纂

　　清代方志，记述范围包括今江苏、安徽、上海三地。开始修纂于雍正年间，完成于乾隆年间，增补康熙朝事尤多。采用纲目体的体式，以志为纲，各领子目。首卷为皇帝诏谕和御制，正文为舆地、河渠、食货、学校、武备、职官、选举、人物、艺文、杂类等十志，舆地志下有疆域、山川、风俗等子目，河渠志下有黄河、运河、水利等子目，食货志下有田赋、户口、物产等子目，学校志下有学宫、书院等子目，武备志下有兵志、江防、海防等子目，职官志下有文职、武职、名宦等子目，选举志下有进士、举人等子目，人物志下有名贤、儒林、隐逸等子目，艺文志下有经部、史部等子目，杂类志下有纪闻、辩讹等子目，共六十八目。

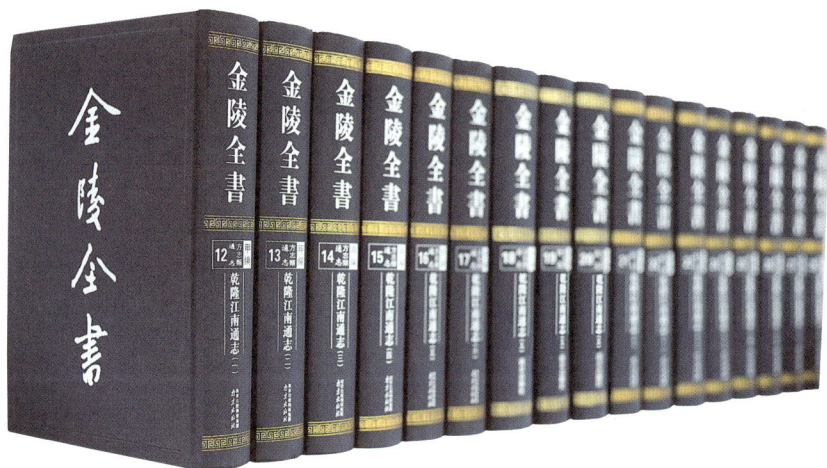

◎ 版本信息：南京图书馆藏清乾隆元年（1736）刻本，200卷。全17册，定价22100元，2018年9月出版。ISBN 978-7-5533-2348-0

府志

　　《金陵全书》甲编·方志类·府志共有9种26册（总定价21200元），上起宋代，下至民国，是研究南京历史的重要文献。

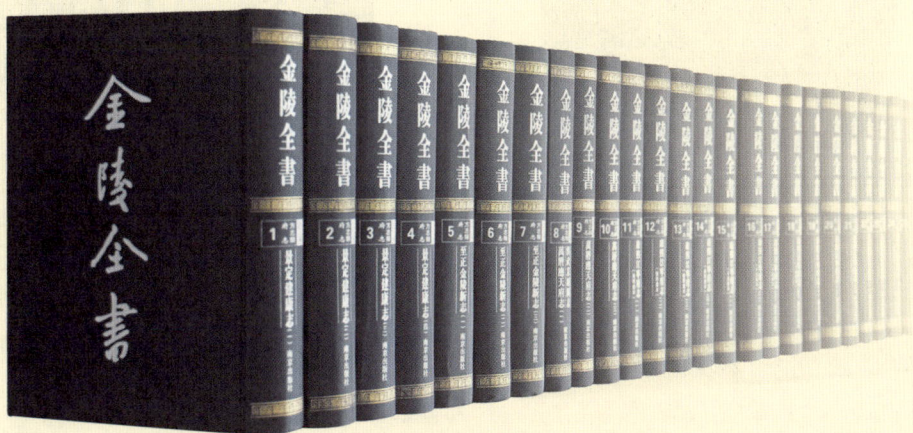

景定建康志

〔南宋〕马光祖　修，周应合　纂

　　南宋南京方志。南宋景定二年（1261）成书，是南京现存最早、最完整的官修志书，也是我国历史上的一部名志。内容涉及自然、历史、政治、经济、军事、文化、风俗等方面，合乾道、庆元两志，并经增补、考辨，保存了大量史料。由于乾道、庆元两志与所引大部分图书已经佚失，该志已成为研究南宋以前南京历史地理极为宝贵的重要文献。它还是除《雍录》外存图最多的宋代方志，所存地图十九幅大多按上北下南绘制，反映了中国绘图史的进步。其编撰体例为后世广泛采用。该志在明代已极为罕见，清康熙四十六年（1707）经朱彝尊抄得曹寅藏本，复传于世，后又收入《四库全书》。

◎ 版本信息：南京图书馆藏清嘉庆六年（1801）金陵孙忠愍祠仿宋刊本，50卷。全4册，定价3200元，2010年9月出版。ISBN 978-7-80718-605-2

至正金陵新志

〔元〕张铉 修纂

　　元代南京方志。内容涉及地理、疆域、山川、田赋、民俗、学校、兵防、古迹、人物等，体例、篇目大体沿袭《景定建康志》。此外，还广为辑录各种文献，尤以丰富的元代南京地方史料最为珍贵。该志本末明晰，考订较精，无芜杂附会之病，是研究元朝南京的一部重要文献。

◎ 版本信息：中国国家图书馆藏元至正四年（1344）集庆路儒学、溧阳州学、溧水州学、明道书院刊本，15卷。全3册，定价2400元，2011年1月出版。

ISBN 978-7-80718-656-4

洪武京城图志·万历应天府志

〔明〕礼部 纂修；〔明〕程嗣功 修，王一化 纂

《洪武京城图志》为明代南京图志。卷前有杜泽序、王俊华记。内容涉及宫阙、城门、山川、坛庙、寺观、官署、学校、仓库司局、桥梁、街市、楼馆、厩牧、园圃十三类，配以《皇城图》《大祀坛·山川坛图》等七图，是研究明朝初年南京城市史的一部重要文献。

《万历应天府志》为明代南京方志。内容涉及郡纪、沿革表、历官表、封爵表、科贡表、荐举表、诏令志、土地志、山川志、建置志、官职志、田赋志、祠祀志、杂志、宦迹传、人物传、勋封传、懿行传、列女传、杂传等。所记明代典章制度和金陵往事与史传相合无谬，对沿革、战争叙述尤详，是研究明朝后期南京地方史的一部重要文献。

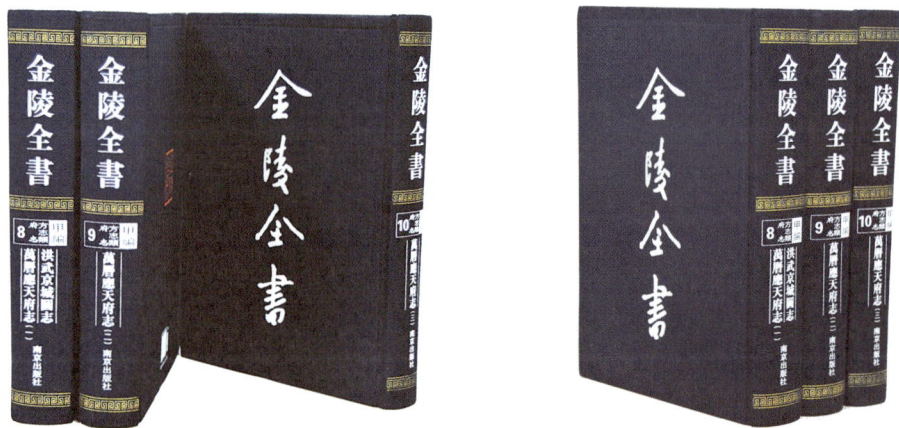

◎ 版本信息：《洪武京城图志》系南京图书馆藏明弘治五年（1492）重刊本，1卷；《万历应天府志》系中国国家图书馆藏明万历五年（1577）刻、万历二十年增修本，32卷。全3册，定价1800元，2011年9月出版。ISBN 978-7-80718-709-7

康熙江宁府志（陈开虞本）

〔清〕陈开虞　纂修

　　清代南京方志。康熙六年（1667），江宁知府陈开虞重修府志。这是清朝江宁府的第一部官修府志。内容涉及图纪、沿革表、疆域志、山水志、建置志、赋役志、学校志、科贡表、历官表、宦迹传、人物传、古迹志、灾祥志、祠祀志、寺观志、摭佚十六类。其中高岑绘制的《金陵四十景图》颇为珍贵。该志对于研究清朝初年南京地方史具有较高的价值。

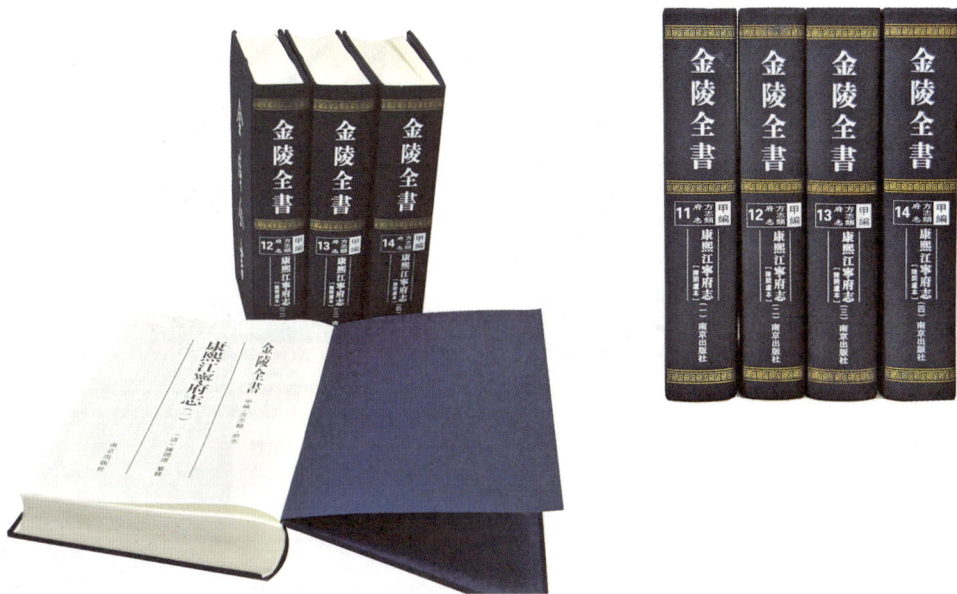

◎ 版本信息：中国科学院南京地理与湖泊研究所图书馆藏清康熙七年（1668）刊本，34卷。全4册，定价3200元，2011年6月出版。ISBN 978-7-80718-715-8

康熙江宁府志（于成龙本）

〔清〕于成龙　纂修

　　清代南京方志。江宁知府于成龙在陈开虞本基础上重修《江宁府志》，补充了康熙七年（1668）以后的内容。体例略有调整，如增设"帝王世系"和"艺文志"。内容涉及星野、沿革、建置、疆域、风俗、山川、帝王世系、学校、户口、田赋、水利、蠲赈、历官表、宦迹、兵制、科贡、祠祀、寺观、古迹、陵墓、人物、游寓、艺文、摭佚二十四类。该志对于研究清朝南京地方史具有较高的史料价值。

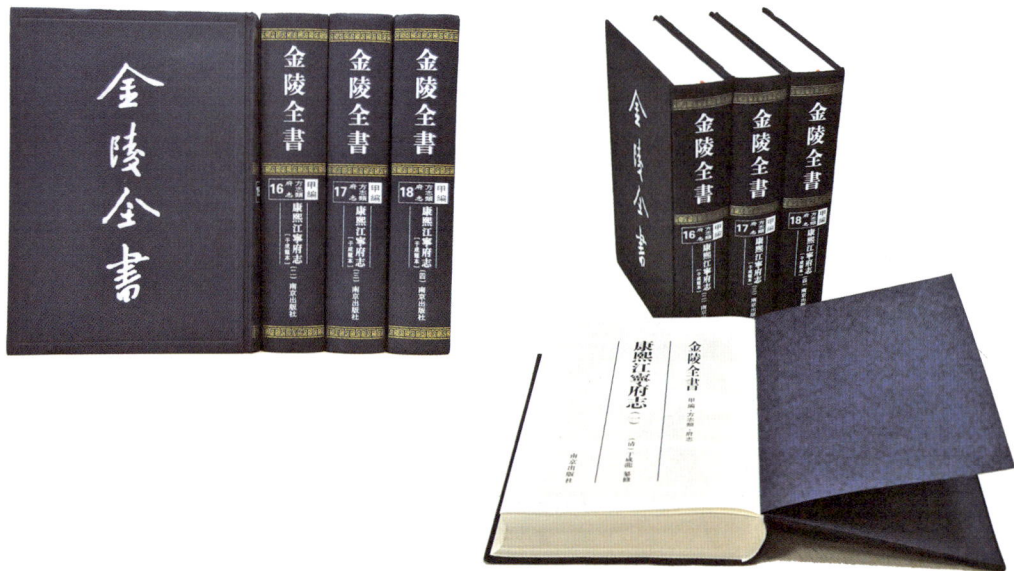

◎ 版本信息：中国国家图书馆藏清康熙二十二年（1683）精抄本，原为40卷，现存34卷。全4册，定价3200元，2011年5月出版。ISBN 978-7-80718-713-4

嘉庆江宁府志

〔清〕吕燕昭　修，姚鼐　纂

　　清代南京方志。内容分为天章、舆图、疆域、分野、沿革、古今纪事年表、山川、古迹、风俗物产、建置、祠庙、赋役、学校、武备、驿递、秩官、名宦、科贡、人物、金石、艺文二十一类。其中，卷首设置天章，专门收录康熙、乾隆二帝南巡写下的有关江宁的诗文，开南京历代府、县志设置天章的先河；驿递、金石也是以前志书中所没有的。该志记述宏富，征引浩博，文辞精练，体例周备。以三十三卷篇幅记载人物，为其特色。姚鼐视修志为著述之大业，将学术研究与修志实践相结合，提高了方志的学术价值。光绪六年（1880）重刻时，附校刊记，订正原书讹误。该志对于研究清朝中期南京地方史具有较高的史料价值。

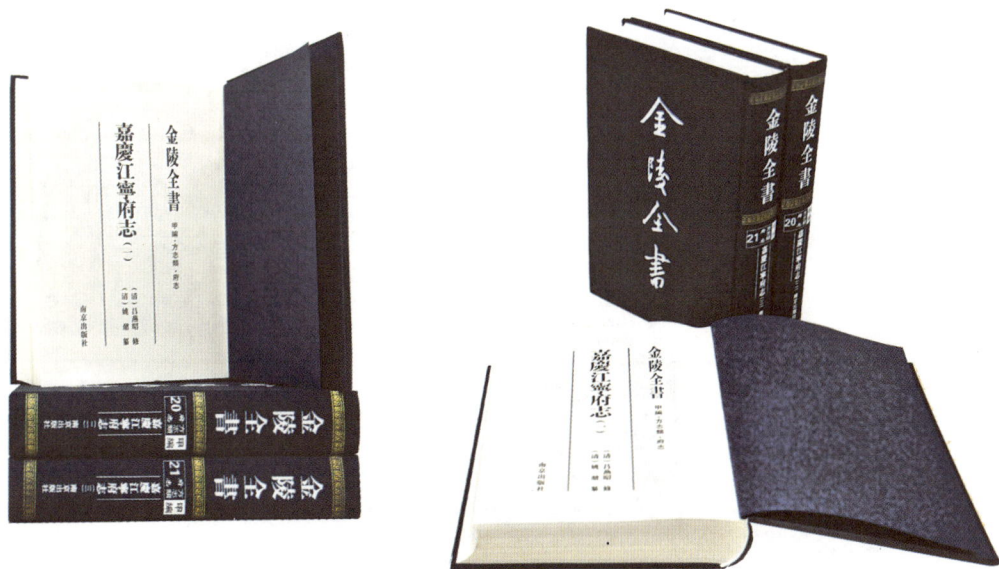

◎ 版本信息：南京图书馆藏清光绪六年（1880）重刊本，56卷。全3册，定价2400元，2011年6月出版。ISBN 978-7-80718-714-1

金陵全书十周年总目提要（2009—2019）

光绪续纂江宁府志

〔清〕蒋启勋、赵佑宸　修，汪士铎等　纂

　　清代南京方志。内容涉及图说、田赋、军制、祠祀、学校、实政、建置、名迹、艺文、大事表、秩官表、科贡表、兵事表、人物、拾补十五类。总纂汪士铎和分纂陈作霖、邓嘉缉、秦际唐、甘元焕、顾云、方培容、刘寿曾、朱桂模等都是南京地方著名学者、文士，故该志体严法备，辞简意赅。《续修四库全书提要》赞其"取舍皆有意义，老成典型"。该志对于研究清朝后期南京地方史具有较高的史料价值。

◎ 版本信息：南京图书馆藏清光绪十年（1884）重刊本，15 卷首 1 卷。全 3 册，定价 2400 元，2011 年 9 月出版。ISBN 978-7-80718-638-0

首都志

〔民国〕叶楚伧、柳诒徵　主编，王焕镳　编纂

　　本书为民国方志。全书五十余万字，十六卷统二十四目，依次为沿革、疆域、城垣、街道、山陵、水道、气候、户口、官制、警政、自治、财政、司法、教育、兵备、交通、外交、食货、礼俗、方言、宗教、人表、艺文、历代大事表。书分上、下两册，另有附图一册，连同正文中附有的南京摄影测量图多幅，真实、清晰地反映出南京不同时期山川地貌和古迹建筑的分布状况。该书是我国唯一一部以"首都"命名的志书，穷历代南京古籍文献的记述，为了解、研究南京的历史提供了详尽的资料。

◎ 版本信息：民国二十四年（1935）南京正中书局铅印本。全 2 册，定价 2600 元，2013 年 10 月出版。ISBN 978-7-5533-0351-2

县志

　　《金陵全书》甲编·方志类·县志共有 40 种 56 册（总定价 62900 元），上起明代，下至民国，是研究南京区县历史的重要文献。

上元县志

　　《金陵全书》甲编·方志类·县志·上元县志共有 4 种 10 册（总定价 7400 元），上起明末，下至清末，是研究上元（包括今南京鼓楼区、玄武区全部，栖霞区大部分，以及秦淮区、建邺区一小部分）历史的重要文献。

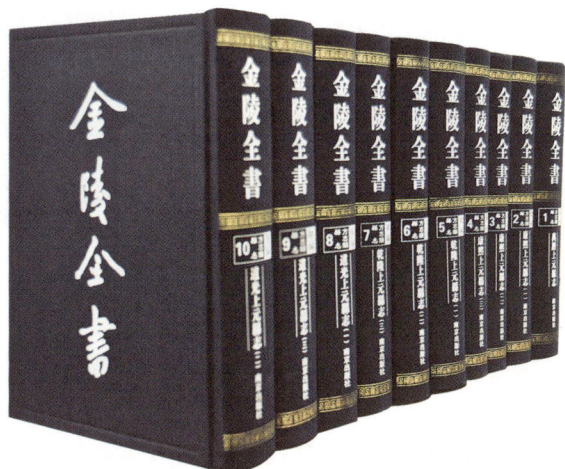

万历上元县志

〔明〕程三省　修，李登等　纂

　　该志共 12 卷，设图（京城、县境）、表（沿革、历代县令）和版籍、田赋、地理、建置、祠宇、古迹、职官、科贡、人物、艺文十志。客观记录了上元县户口由增而减、赋役由简而繁、财费由缩而赢、吏治由良而劣、人才由实而虚、物力由富而贫、民俗由醇而薄的真实状况，以便当局者镜览，防微杜渐，兴利除弊，造福于民。述而有作，卷首序十三篇，卷末论四篇，指陈利病，分析精辟，令人警醒。

◎ 版本信息：中国科学院南京湖泊与地理研究所图书馆藏明万历二十五年（1597）刊本，据南京图书馆藏美国国会图书馆胶卷暨《南京文献》本校正，12 卷。全 1 册，定价 800 元，2010 年 9 月出版。ISBN 978-7-80718-608-3

康熙上元县志

〔清〕唐开陶　修纂

该志共二十四卷，设旧序、图纪（图考及图）；恭纪南巡盛典；沿革、秩官、科贡三表；疆域、山川、建置、民赋、学校、祠祀、五行（即灾祥）、古迹、艺文九志；人物传；摭佚。以万历志为底本，于山川胜迹、风土物宜、灾祥艺文，袭用前志，稍加增删。而于户口之增减，征徭之繁简，人物之淳薄，前代与本朝兴亡之由，考之必精，纪之必详，使后任县宰，洞悉其中利弊。

◎ 版本信息：复旦大学图书馆藏清康熙六十年（1721）刊本（此本为后印本，对初印本稍有删改），并据日本内阁文库藏清康熙六十年刊本胶卷及其影印本校补，24 卷。全 3 册，定价 1800 元，2011 年 1 月出版。ISBN 978-7-80718-671-7

乾隆上元县志

〔清〕蓝应袭　修，何梦篆、程廷祚等　纂

  该志凡三纪十志八十目。卷首为《国朝蠲赐恩纪》《圣祖南巡恩纪》《今上皇帝南巡恩纪》，正文分天官、舆地、官守、民赋、学校、选举、祠祀、古迹、人物、艺文、摭佚。同康熙朝《上元县志》相比，该志缺图说、表、疆域志、山川志、建置志、五行志等目，但添设了天官志、舆地志、官守志和选举志等目，并比前志增多八卷。卷首专门记述清圣祖康熙、清高宗乾隆在上元县的具体事迹、题咏，卷末追溯名迹及历史人物活动。各志均以小序开篇，编撰旨意和论辩考订阐明其中。该志博采众闻，然能去粗取精，论叙适当，故为志家称道。

◎ 版本信息：南京图书馆藏清乾隆十六年（1751）刊本，30卷首1卷末1卷。全3册，定价2400元，2011年6月出版。ISBN 978-7-80718-717-2

道光上元县志

〔清〕武念祖、陈道恒　修，陈杙、伍光瑜等　纂

　　该志卷前有江宁知府余霈元、上元知县武念祖和陈道恒等人序文。卷首为天章、圣训、蠲，卷末为摭佚、志原。正文分为天文、舆地、官守、民赋、学校、选举、祠祀、古迹、人物、艺文等志。其中卷末志原收有旧志序十篇，除人物志外，各志前均有弁言。该志与乾隆志相比，虽然减少八卷，篇幅内容也相对压缩，然侧重在当代，不仅增补了自乾隆十五年（1750）至道光四年（1824）七十余年间的当代人事，而且每类记载均以乾隆十五年以来的内容为主。至于对待前志阙佚谬误记载，该志亦爬梳搜罗，细心考辨，拨错反正，诚可谓考核精确，实事求是。该志为上元县的最后一部县志，因民国建立而废该县，故该志弥足珍贵。

◎ 版本信息：南京图书馆藏清道光四年（1824）刊本，24卷首1卷末1卷。全3册，定价2400元，2011年9月出版。ISBN 978-7-80718-720-2

江宁县志

　　《金陵全书》甲编·方志类·县志·江宁县志共有 8 种 12 册（总定价 11600 元），上起明末，下至清末，是研究江宁（今南京江宁区）历史的重要文献。

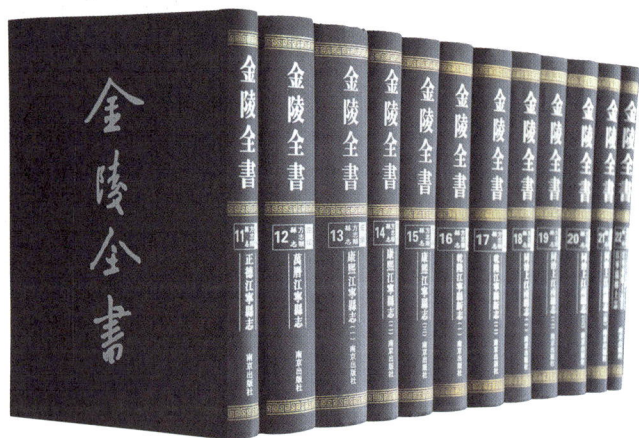

正德江宁县志

〔明〕王诰　修，刘雨　纂，管景等　增修

　　该志为现存最早的江宁县志。卷首列县境图、县治图，卷一列沿革表、官守表，及建置、沿革、分野、疆域，卷二列山阜、川泽、风俗，卷三列户口、田亩、赋税、物产，卷四列公署、学校、仓场、邮传，卷五列坊乡、市镇、街衢、桥梁，卷六列坛庙、寺观、楼阁，卷七列第宅、冢墓、古迹，卷八列宦迹、流寓、科贡，卷九人物，卷十列女、方伎、仙释。按该志记述，颇属琐杂，所记江宁往事，于洪武时至为繁盛，永乐后则渐衰落，所记明初江宁事物，颇多凄凉慨叹之辞。

◎ 版本信息：中国国家图书馆藏明正德十六年（1521）增修本，10 卷。全 1 册，定价 800 元，2012 年 3 月出版。ISBN 978-7-80718-887-2

万历江宁县志

〔明〕李登　纂修，盛敏耕、顾起元　同纂

　　该志体例仿自《正德江宁县志》，卷数也相同。卷首依次为明朝南京礼部郎中徐大任《重修江宁县志序》、寇天叙《江宁县旧志序》、徐瑶《增修江宁志旧序》、王诰《江宁县旧志后序》以及《重修江宁县志目录》《江宁县志重修凡例》六则。正文首列县境图、县治图，卷一沿革表、地理志，卷二建置志，卷三版籍志、户口志，卷四祠宇志，卷五古迹志，卷六官守表、宦绩传，卷七科贡表，卷八至卷十人物传。各分志前皆有小序。卷末列万历戊戌年（1598年）李登撰《重修江宁县志后序》、石允珍撰《刻江宁志后跋》。该志体例较《正德志》为精，采录更严。《续修四库全书提要》称其"体严而事广，文简而义赅"，认为是县志中的良志。

◎ 版本信息：南京古旧书店藏明万历二十六年（1598）刊本，10卷。全1册，定价1000元，2012年8月出版。ISBN 978-7-80718-915-2

康熙江宁县志

〔清〕佟世燕　修，戴本孝　纂

　　该志卷首为序、凡例、江宁分野斗宿图和疆域图。正文包括：卷一疆域志，卷二山川志，卷三至卷五建置志，卷六至卷七赋役志，卷八官守志，卷九至卷十一人物志，卷十二杂志，卷十三至卷十四艺文志。该志"叙事详明，敷词典核，振纲挈领，开卷了然"。

◎ 版本信息：南京博物院藏清康熙二十二年（1683）刊本（据南京图书馆藏美国国会图书馆胶卷，以及1992年中国书店出版的《稀见中国地方志汇刊》影印本校补），14卷。全3册，定价3000元，2013年1月出版。ISBN 978-7-5533-0115-0

乾隆江宁县新志

〔清〕袁枚　修纂

　　该志卷一为旧序、新序，县境、县治及名胜图，卷二以下依次为沿革表，秩官表，选举表，疆域志（星野、地界、形胜、守御、风俗），建置志（附义冢），山川志，民赋志（附军政、物产），学校志，祠祀志，古迹志（附宅墓、寺观），艺文志，秩官传，勋旧传，儒林传，孝义传，忠节传，文苑传，治行传，高士传，寓公传，艺术传，释道传，列女传，卷末为拾遗。作者袁枚是名噪一时的性灵诗人，又善为文，所撰此志以图、表、志、传史体出之，选材上有自己的独特取舍，却无文人修志的庞杂冗琐，简而不失要点，是一部记载清代鼎盛时期南京历史的重要志书。

◎ 版本信息：南京图书馆藏美国国会图书馆胶卷，据南京图书馆藏清乾隆十三年（1748）抄本校补，26卷。全2册，定价2000元，2013年1月出版。

ISBN 978-7-5533-0114-3

同治上江两县志

〔清〕莫祥芝、甘绍盘　合纂

　　该志是上元、江宁两县的合志，它参考此前诸志，结合自身所处的时代环境而有所创新。卷前的天章部分辑录多次南巡并驻跸南京的康熙、乾隆二帝题咏南京的诗文匾联。卷一圣泽记主要记载清代历朝皇帝有关南京之诏告政令及相关大事，尤其详于康乾二帝南巡之事。卷二大事记可谓一篇简要的南京编年史。卷三以下十卷，皆以"考"命名，包括山、水、城厢、田赋、食货、学校、兵、祠祀、建置、艺文等十个专题。卷十三以下八卷，皆以"谱"命名，包括秩官、科贡、列女、古今人、古迹、咸丰三年以来兵事、忠义、贞烈等八个专题。卷二十一以下六卷，皆以"录"命名，包括名宦、乡贤、忠义孝悌、耆旧、方技、方外等六个专题。最后两卷是图说和撝佚。该志在辑存文献、排比史料、考辨异说、订正讹误等方面，都有不少贡献，其体例安排与结构设计，亦自具特色。

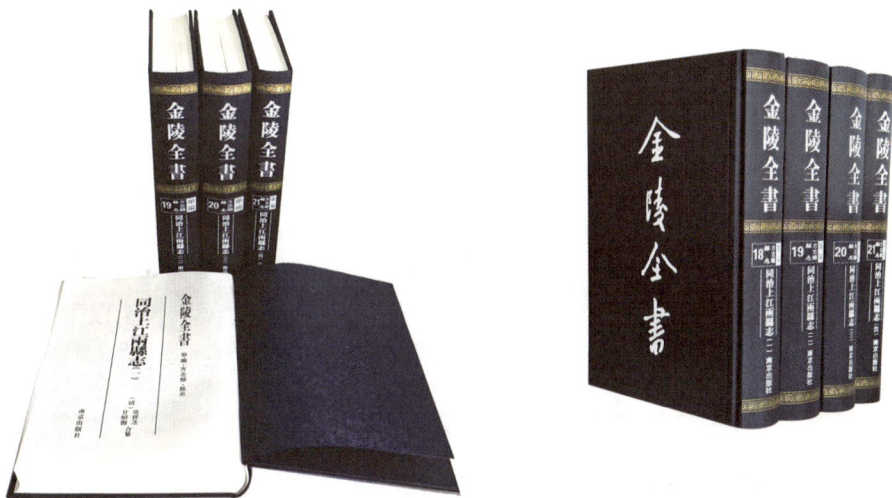

◎ 版本信息：南京图书馆藏清同治十三年（1874）刊本，28卷，附叙录1卷。全4册，定价4000元，2013年1月出版。ISBN 978-7-5533-0105-1

上元江宁乡土合志·江宁县乡土志略·江宁县乡土志

〔清末民初〕陈作霖　编；〔民国〕佚名　纂；〔民国〕孙濬源、江庆沅　编

　　《上元江宁乡土合志》计凡二十一章。卷一历史上，第一章本境疆域沿革，第二章本境城垣沿革，第三章本境历朝吏治；卷二历史下，第四章本朝历朝兵事；卷三地理，第一章江宁府城中街道，第二章元宁两县诸山，第三章元宁两县诸水，第四章元宁两县诸镇；卷四人类上，第一章本境世族，第二章本境仕宦；卷五人类下，第三章本境文学，第四章本境武侠，第五章本境忠孝，第六章本境高隐，第七章本境宗教，第八章本境贤媛；卷六物产，第一章本境植物品，第二章本境动物品，第三章本境矿物品，第四章本境食物品，第五章本境用物品。该志充分体现了乡土志的特点，涵盖了境域各类信息，专述本境历朝吏治，对历朝兵事详加论述，另有对名媛设专节介绍。

《江宁县乡土志略》全书无卷，分为一境域，二山，三水，四街市，五风俗，六天然物产、人工物产，八工业，九商业，十教育，十一交通，十二人物，十三古迹，十四田赋，最后为结论。内容简略，就其重点扼要言之。

　　《江宁县乡土志》属于比较特殊的志书种类，亦是清末至民国各地编修的小学乡土史教材。分上下两卷，共八十课，上下各半。卷上第一课至第四课为境域，第五课至第十一课为山，第十二课至第十八课为水，第十九课至第二十课为城垣，第二十一课至第二十二课为街市，第二十三课至第二十八课为风俗，第二十九课至第四十课为物产（又细分为天然物产与人工物产）。卷下第四十一课至第四十五课为工业，第四十六课至第五十一课为商业，第五十二课至第五十三课为教育，第五十四课至第五十九课为交通，第六十课至第六十九课为人物，第七十课至第七十七课为古迹，第七十八课至第七十九课为田赋，第八十课为结论。该志内容宽泛，尽显乡梓地域特色；文字简略，强调乡土课本的可读性；注重新知识的发掘，向儿童灌输进化论思想，体现强烈的爱国忧患意识；注重实业理念的教育，具有鲜明的时代气息；还可以得到当时南京的一些信息。

◎ 版本信息：《上元江宁乡土合志》系南京图书馆藏清宣统二年（1910）江楚编译书局刊本，6卷；《江宁县乡土志略》系中国人民大学图书馆藏民国石印本，14章；《江宁县乡土志》系南京大学图书馆藏民国五年（1916）中华书局江宁小学教育研究会刊本。全1册，定价800元，2013年1月出版。ISBN 978-7-5533-0104-4

六合县志

　　《金陵全书》甲编·方志类·县志·六合县志共有 8 种 10 册（总定价 12900 元），上起明代，下至民国，是研究六合（今南京六合区）历史的重要文献。

嘉靖六合县志

〔明〕董邦政　修，黄绍文　纂

　　该志仿正德《林志》体例。内容依次为：叙、凡例、目录、图目、正文、后序。正文包括：卷一天文志（星野）、地理志（沿革、疆域、形胜、山川、城池、坊市、乡都、田土、水利、桥梁、关津、古迹）；卷二人事志（户口、民业、风俗、土产、贡赋、徭役、防卫、挚牧、惠政、古事、灾详）；卷三宫室志（公署、庙宇、祠祀、寺观）；卷四秩官志（官制、职名）；卷五人物志（岁贡、乡贡、进士、杂途、忠贤、隐逸、文人、武功、旌表、仙释）；卷六艺文志（制命）；卷七艺文志（文类）；卷八艺文志（诗类），共计四十三目。《嘉靖六合县志》记言叙事，尚为雅简。保存了六合县明代嘉靖之前大量文献资料，详细记述了明代建国以后当地的政治、经济、军事、文化发展情况。

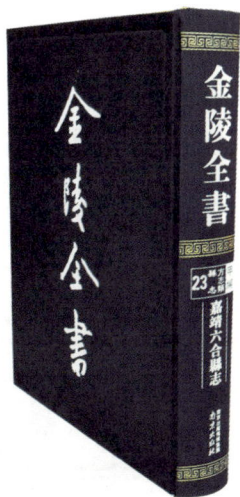

◎ 版本信息：天一阁藏明嘉靖三十二年（1553）刊本，8卷。全1册，定价1200元，2013年7月出版。ISBN 978-7-5533-0285-0

万历六合县志

〔明〕李篏等　修

　　该志是六合现存的第二部县志（之前有嘉定志、永乐志、成化志、正德志、嘉靖志五部，除嘉靖志外均佚），也是明代最后一部六合县志。它曾两次编纂：第一次由“知县李篏聘乡官黄骅、杨郡修，教谕吴邦、训导桑子美、卢文衢校正，庠生黄域、陆察、方澄澈、季宫、朱镇同修”，于万历二年（1574）刊行。它的编写体例与《嘉靖六合县志》基本相同，分为八卷，除了“人物志”分目略有不同外，其他分目也基本一致。记事承前志增纂二十余年间史事。第二次由“知县张启宗聘教谕施所学、训导张士奇、贡生钱兆旸校正，庠生陆怀橘、马梦夔、侯元奎、周维新同修”，于万历四十三年左右刊行。此次编写是在前一次基础上再增纂四十余年间史事，其体例完全一致。现存的《万历六合县志》都是这次增纂本。

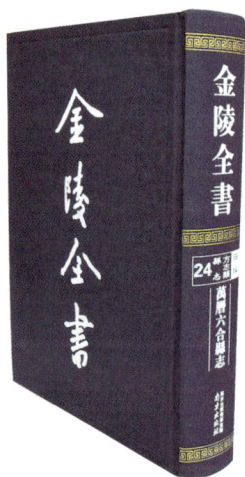

◎ 版本信息：南京图书馆藏明万历四十三年（1615）增刊本之胶卷，8 卷。全 1 册，定价 1300 元，2013 年 11 月出版。ISBN 978-7-5533-0347-5

顺治六合县志

〔清〕刘庆运　修，孙宗岱　纂

　　该志是清代该县的第一部县志，只用三个月时间就编写完成，其速度之快、体例之新、内容之多，实难想象。书中著者虽未署孙国救之名，但实不可忘其前期搜辑之功。其体例和内容，在旧志的基础上多有创新和突破，资料更加丰富，首次绘制了《六合十景图》。层次清晰，类目详核，是六合历代县志中卷帙最多、内容最为丰富的一部。

◎ 版本信息：中国国家图书馆藏清顺治三年（1646）刻本，并用上海图书馆所藏刻本校补。全1册，定价1300元，2013年11月出版。ISBN 978-7-5533-0333-8

康熙六合县志

〔清〕洪炜 修，汪铉 纂

　　本志是清代六合县刊印的第二部县志，体例卷目与《顺治六合县志》相同，首冠刘庆运、洪炜、张启宗三序，序后依次为目录、掌修名氏、凡例、官制、舆图。正文十二卷，分舆地、建置、赋贡、官纪、礼乐、人物、物产、灾祥、文艺、外纪十门，其中外纪包括杂考、稼学、书苑、画苑、艺林、膳秩、古木记、水阳秋、茗笈、石圃。书后附刊刻分工表及汪铉跋。汪氏在跋语中称"事增于旧志十之四三，辞减于旧志十之七八，使人开卷展阅，心目了然"。

◎ 版本信息：南京大学图书馆藏康熙四十六年（1707）增刻本，12卷。全1册，定价1300元，2014年11月出版。ISBN 978-7-5533-0690-2

雍正六合县志

〔清〕苏作睿　主修，张简等　纂

　　该志体例、卷目（包括细目）与《顺治六合县志》一脉相承，只是补充了自顺治二年（1645）之后将近九十年时间的内容，使得记述更为详当。与该县此前的县志相比，《雍正六合县志》重新绘制了卷首附图，将六合"十景"扩展为"十一景"，并且在《艺文志》中增加了较多的新人新作。

◎ 版本信息：中国国家图书馆藏清雍正十三年（1735）刻本，据南京图书馆藏雍正十年刻本校补。全2册，定价2600元，2013年9月出版。ISBN 978-7-5533-0306-2

乾隆六合县志

〔清〕廖抡升　修，戴祖启　纂

　　该志体例仿明康海《武功县志》，又借鉴前修各志，凡立六门：曰地理、曰田赋、曰建置、曰官师、曰人物、曰艺文。此六门能"囊括故典，徽帜新烈"（引自《乾隆六合县志凡例》，下同）；对官师、人物二门之事迹平平者，"传之则无大可称，削之又不容悉没"，则"仿史公立表之意"，别为官师、选举二表，此二者为原志所无，《乾隆志》之继承和创新，于此可见。对于"事在六合诸门或有不能收者"，则别为附录，"以资闻见"。修此志者舍弃各门前之小序，"惟于本邑确切关会者，间为小论以抒一得"，亦体现《乾隆志》注重实用，不空为议论的特点。后之修《光绪六合县志》，大抵袭此志之体例。

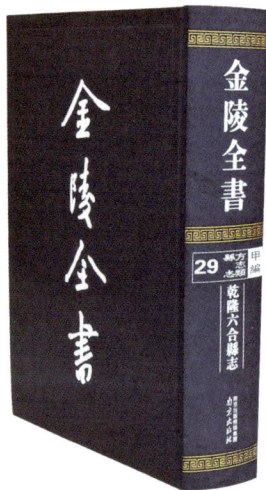

◎ 版本信息: 南京图书馆藏清乾隆五十年（1785）刻本，6卷图1卷。全1册，定价1300元，2013年9月出版。ISBN 978-7-5533-0346-8

光绪六合县志

〔清〕谢延庚等　修，贺廷寿等　纂

　　本志卷首有图说，含六合县图十八幅、县境全纪图说。卷一地理志，包括沿革、疆界、山川、水利、古迹；卷二田赋志，分户口、民田、卫田、芦课、杂税、物产；卷三建置志，为城池、仓库、宫庙、公署等；卷四官师志，以表格形式记录历代县令、学官等；卷五人物志，分为孝友、儒林、文苑等；卷六选举志，录历代文科、明经、武科、荐举等；卷七艺文志，载奏疏、杂著，诗赋；卷八兵事考；末有附录。此志卷四、卷五收集各类人物，记述简洁，一目了然。

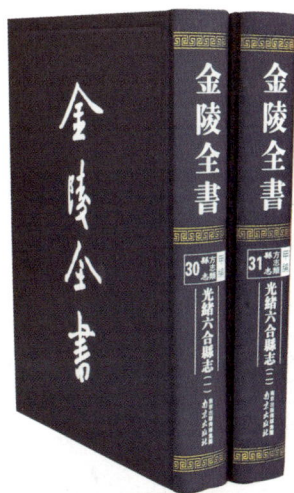

◎ 版本信息：南京图书馆藏清光绪十年（1884）刊本，8 卷，图说、附录各 1 卷。全 2 册，定价 2600 元，2013 年 9 月出版。ISBN 978-7-5533-0319-2

民国六合县续志稿

〔民国〕郑耀烈　修，汪昇远、王桂馨　同纂

　　本志是民国时期该县唯一的一部县志，所记之事始于清光绪十年（1884），止于民国八年（1919）。卷首载总目、凡例及舆图；卷一至卷三地理，记述沿革、界至、形胜、山脉、风俗等；卷四至卷六赋税，记述户口、田赋、厘税、杂税；卷七至卷八学校，记述学官、祭器祭品、书院、社学义学等；卷九至卷十武备，记述兵制、屯操、马政、历代兵事等；卷十一官师，续前志；卷十二至卷十三人物，续前志并增补人物传记；卷十四实业，记述农业、商业和工业；卷十五至卷十六艺文，分类编排历代作品集书目，并记载历代旧志及记述本地事物之书；卷十七金石，记述从蜀汉至明清以来历代金石碑刻留存和碑文；卷十八记述祥异，后附《光绪六合县志》校勘记、本书勘误等内容。

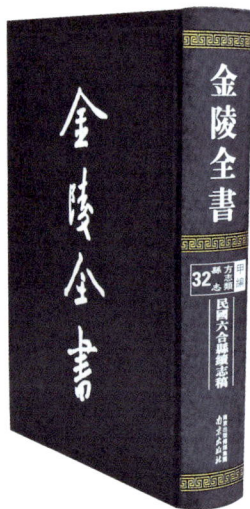

◎ 版本信息：南京图书馆藏民国十七年（1928）孙锡恩、王桂馨、汪昇远批注本，18卷首1卷。全1册，定价1300元，2013年11月出版。ISBN 978-7-5533-0332-1

江浦县志

　　《金陵全书》甲编·方志类·县志·江浦县志共有7种7册（总定价8900元），上起明末，下至民国，是研究江浦（今南京浦口区部分）历史的重要文献。

万历江浦县志（沈孟化本）·
万历江浦县志（余枢本）

〔明〕沈孟化　修，张梦柏等　纂；〔明〕余枢　修，熊师望等　纂

　　《万历江浦县志》（沈孟化本）是现存《江浦县志》中年代最早的一部。共十二卷，卷一前附图一卷。目录前有凡例，各卷前均有小序。县纪以编年方式，纪叙本县大事。秩官表则列本县历任职官。选举表则列从进士、举人以迄例贡、武胄、封荫、杂科等各科登科人选。舆地志包括疆域、星野、山川、形胜、风俗、镇店、古迹、冢墓等内容。建置志则涵盖各类公共建筑，包括城池、公署、仓库、坊牌、铺舍、恤政、桥渡、寺观等。赋役志、水利志、学校志三卷已阙，由凡例及目录中的相关条目，仍可测知其大概。赋役志下列乡图、户口、田赋、差役、课钞、孳牧、盐法、钱法、物产九项。秩祀志和兵防志二卷，即是处理祀、戎这两方面大事，故联袂而出。宦迹列传相当于名宦传记，而人物列传则是本地人物的传记，故联类而及。

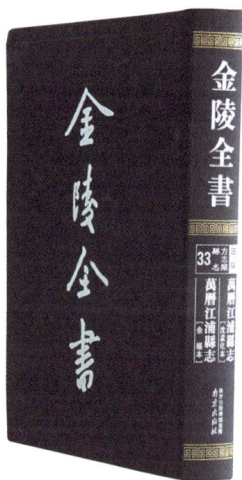

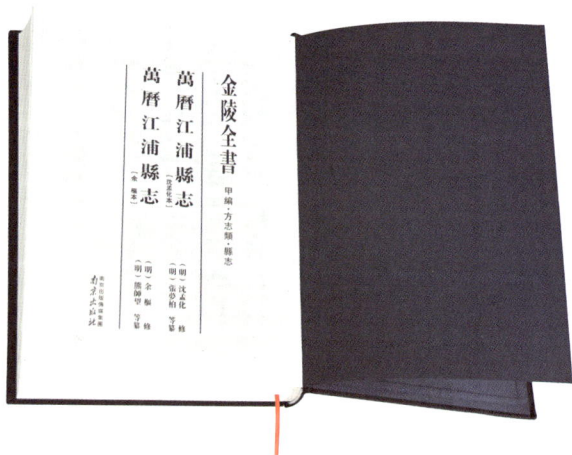

《万历江浦县志》（余枢本）卷首载有余枢、丁遂分别撰写的两篇《重修江浦县志序》，之后依次为目录、凡例。接下来是《修志氏名》和《重修县志姓氏》。全书十二卷，卷一前附图一卷，除卷十兵防志之外，都或多或少有所增订。例如卷一县纪增补编年纪事共五十款，颇有可采。卷二秩官表增加万历七年（1579）以后令君姓名十五人，包括余干贞、田垦、余枢等人小传，亦多可取。卷三选举表新登录"进士三人，乡举六人，贡士二十一人，例贡五十二人，封荫四人，其推重乡评列于表者八人"，其中有丁遂、熊师望以及多位参与前后两次县志修撰人员的科第及小传，皆足资考证。卷四以下各卷亦有增订，如舆地志增山名二、记六篇、题咏二十三篇，可惜今本卷四以后佚不可见。卷三末数页坏损较为严重的部分，则可以取天一阁本《万历江浦县志》参阅。

◎ 版本信息：《万历江浦县志》（沈孟化本）系天一阁所藏明万历七年（1579）刻本，12卷附图1卷；《万历江浦县志》（余枢本）系中国国家图书馆所藏明万历四十六年（1618）刻本，12卷附图1卷。全1册，定价1300元，2014年10月出版。

ISBN 978-7-5533-0606-3

崇祯江浦县志

〔明〕李维樾　修，沈孚中　纂

　　本志体例仿自万历四十六年（1618）《江浦县志》，共设十二卷，卷一县纪，卷二秩官表，卷三选举表，卷四舆地志，卷五建置志，卷六赋役志，卷七水利志，卷八学校志，卷九秩祀志，卷十兵防志，卷十一宦绩列传，卷十二人物列传。本志保留前志的所有卷目及其记述的内容，续记前志断限后的内容，保持了各类资料的连续性、完整性；对前志有关卷目出现的疏漏和讹误，则予以补阙和纠正。该志各分志前皆设小序，交代该卷设置缘由或内容概要；末有"论曰"，对所记事物的兴衰利弊略加点评，这在传统志书中也是不常见的。

◎ 版本信息：南京图书馆藏明崇祯十四年（1641）刻本之胶卷，12 卷。全 1 册，定价 1300 元，2015 年 2 月出版。ISBN 978-7-5533-0764-0

康熙重修江浦县新志·雍正江浦县志

〔清〕郎廷泰　纂修；〔清〕项维正　纂修

　　《康熙重修江浦县新志》首刊江宁府事于成龙《重修江浦县志序》《江浦县新志目录》，末为郎廷泰《江浦县志书跋》；中设分志八卷：卷一图纪，卷二疆域、风俗，卷三山川、建置，卷四赋役，卷五历官、学校，卷六人物，卷七古迹、寺观、祠祀，卷八灾祥、艺文、营兵。该志部分内容较详尽，史料价值也较高。

　　《雍正江浦县志》各卷皆以志名，依次为封域志、建置志、武备志、秩祀志、田赋志、官职志、人物志、艺文志。

◎ 版本信息：《康熙重修江浦县新志》系中国国家图书馆藏清康熙二十四年（1685）刻本，8卷；《雍正江浦县志》系上海图书馆藏清雍正四年（1726）刻本，8卷。全2册，定价2600元，2013年8月出版。ISBN 978-7-5533-0279-9

光绪江浦埤乘

〔清〕侯宗海、夏锡宝　纂

　　该志有疆域、山水、建置、赋役、学校、武备、祠祀、职官、选举、人物、艺文、古迹、杂记共十三门四十卷。记事上起明洪武九年（1376）置县之初，下迄清光绪十七年（1891）此书付刊之前。在体例上多有创新，书中分门亦不沿袭古人，删方志惯列于卷首但又言之无物的分野、风景图等。对军丁、黄快丁差、盐法、沿江坍田之税等记载特详。所收人物传记，皆有实据可凭。艺文志中列书目与金石目，诗文各篇则附于各条目之下，便于察览。书中所列采撷书目多达二百八十七部，可称广博。但乾隆、嘉庆两朝间史实，因咸丰间太平军与清军战争，焚于兵火，所以多所缺失。

◎ 版本信息：南京图书馆藏清光绪十三年（1887）修、十七年刊刻本，40卷。全2册，定价2400元，2013年7月出版。ISBN 978-7-5533-0282-9

民国江浦县新志稿

〔民国〕詹其桂等　编修

　　该志成稿时间约在 20 世纪 30 年代初期，1982 年发现时为七册，共计十志。十志分别为舆地志、水利志、建置志、教育志、实业志、财赋志、礼俗志、交通志、兵防志、警务志。该志稿虽缺序言、总目、凡例、图录等，且已佚卷首，又无大事记及人物、金石、艺文等志，但尚存十志，均册页完整，是志稿主要部分。且结构规整，记述谨严，取材慎重，资料翔实。既利用县署档案，又采辑私人著述。所记内容可信性较强，显得弥足珍贵，是考查研究原江浦县 1912 年至 1929 年间历史的重要资料。

◎ 版本信息：南京市浦口区档案馆藏民国抄本。全 1 册，定价 1300 元，2013 年 9 月出版。ISBN 978-7-5533-0345-1

溧水县志

　　《金陵全书》甲编·方志类·县志·溧水县志共有6种7册（总定价9100元），上起明代，下至民国，是研究溧水（今南京溧水区）历史的重要文献。

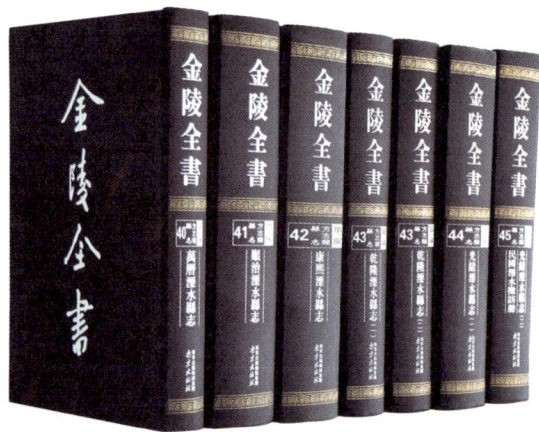

万历溧水县志

〔明〕吴仕诠　修，黄汝金　纂

此志是明代溧水编纂的第三部县志，前两部均已失传。卷一邑纪、邑名、沿革表、官师考、官师表等；卷二学校、公署、仓场、演武场等；卷三风俗、田赋；卷四疆界、城濠、山川、杠梁；卷五市镇、坊厢、街巷、乡鄙、圩塘等；卷六名宦传、忠节传、乡贤传、孝子传；卷七义士传、隐逸传、烈女传、流寓传、方外传；卷八艺文。本书《原志》类乎方志论文，阐述有关方志收录范围、记述方法等方面的见解，其中不乏真知灼见，评论多直斥时弊，分析很有见地。这种笔法在其他志书中是少见的。此志书全文转载了万历五年知县吴仕诠所作的《赋役考》，详细地记载了当时溧水每年上缴给朝廷的赋税清单，为研究明代"一条鞭法"的实施提供了第一手资料。

◎ 版本信息：南京图书馆藏明万历七年（1579）刻本胶卷，8卷。全1册，定价1300元，2013年12月出版。ISBN 978-7-5533-0365-9

顺治溧水县志

〔清〕闵派鲁 修，林古度 纂

　　该志是入清以来溧水修的第一部县志。体例仿明《万历溧水县志》。卷首修志文移、修志姓氏、凡例，及县境、县城、县治、学宫四图；卷一邑纪、沿革表、官师表、学职表、杂职；卷二荐辟考，科贡表、廪监、选监、例监、民监、吏员、儒士、别途、阴阳、知印、承差、封君、恩荫、武科表、将材、武荫；卷三建置志、祀典志、恤典志；卷四风俗、田赋志；卷五山川志、舆地志、古迹、坟墓；卷六名宦传、忠节传、乡贤传、人物传、廉能传；卷七孝子传、贞烈传、义士传、隐逸传、流寓传、仙释传、杂志；卷八至卷十艺文志。书中于近事、新事及原志未载之事多所增补。编者能秉笔直书，所记当年溧水"土瘠而赋繁"情状，道出封建社会平民的苦难，颇为可贵。此志对此后溧水县志的编修有一定影响，书中内容基本上为康熙志所采摘。

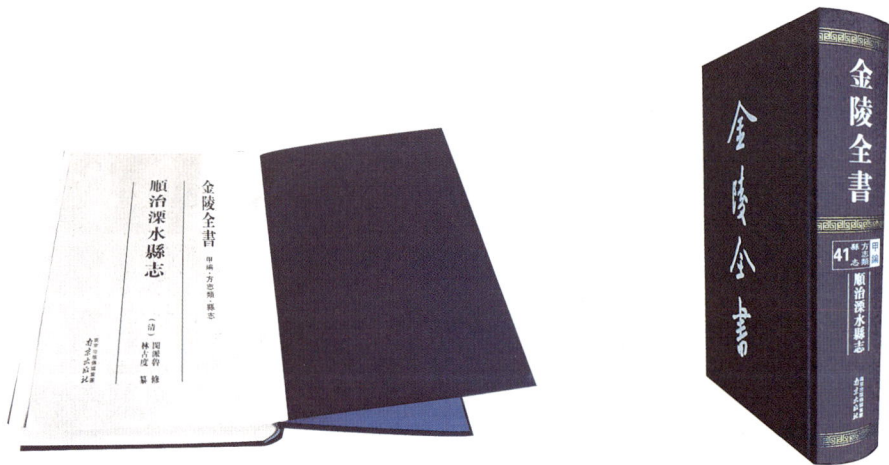

◎ 版本信息：中国国家图书馆藏顺治刻本，10卷。全1册，定价1300元，2014年1月出版。ISBN 978-7-5533-0451-9

康熙溧水县志

〔清〕刘登科　修，谢文运、王芝藻等　纂

　　该志以顺治志为规范，篇目也一脉相承。卷一在邑纪中增顺治十六年（1659）张煌言部攻入溧水，知县车辂被俘并被夺印之事，以及康熙十四年（1675）知县刘登科重建儒学的内容。卷二荐辟考增加马采臣一人，并程之望的专文一篇。科贡表中增加李同亨、汤聘、谢文运三位进士及有关举人和岁贡的材料。后面还增加"国朝勋贵王有成"，为其他《溧水县志》所不载。

◎ 版本信息：中国国家图书馆藏清康熙十五年（1676）刻本，11卷首1卷。全1册，定价1300元，2013年12月出版。ISBN 978-7-5533-0385-7

乾隆溧水县志

〔清〕章攀桂　修，凌世御等　纂

　　本志是溧水历史上第六部县志，在参考前志的基础上，对事物进行了重新分类。卷首为序，目录前列县境各图（舆图、七乡圩图、城垣图、学宫图、城隍庙图、衙署图）和"中山八景图"及凡例。卷一为天官，卷二至卷三为舆地，卷四为官师，卷五为民赋，卷六为学校，卷七为选举，卷八为庙祀，卷九至卷十为人物，卷十一为列女，卷十二至卷十四为艺文，卷十五为古迹，卷十六为摭拾。共十二门六十四目、附一目。其中"舆地""人物"门各占两卷、"艺文"门占三卷，"舆地""人物""艺文"三门在全志中居突出地位。

◎ 版本信息：北京故宫博物院藏清乾隆四十二年（1777）刻本，16卷。全2册，定价2600元，2014年10月出版。ISBN 978-7-5533-0605-6

光绪溧水县志·民国溧水证访册

〔清〕傅观光、施春膏　修，丁维诚　纂；〔民国〕钱桂馨、徐勉　编纂

　　《光绪溧水县志》卷一天文志，介绍星野、庶征等内容；卷二舆地志，包含沿革、疆域、山川、圩堤、村保、市镇、形胜、风俗、土产等内容；卷三建置志，囊括城池、官署、公所、坊巷、仓廒、养济院、育婴堂、狱租、义阡等内容；卷四封爵志，记录自西汉至元代该县的封爵人物；卷五官师志，包含设官名目、秩官表、防汛、名宦等内容；卷六赋役志，记载蠲赈、户口、田制、赋额、盐政等内容；卷七学校志，涵盖学宫、祀位、祀仪、祭器、祭品、乐器、乐悬、书籍、学额、学田、书院等内容；卷八典祀志，包括坛址、庙制、

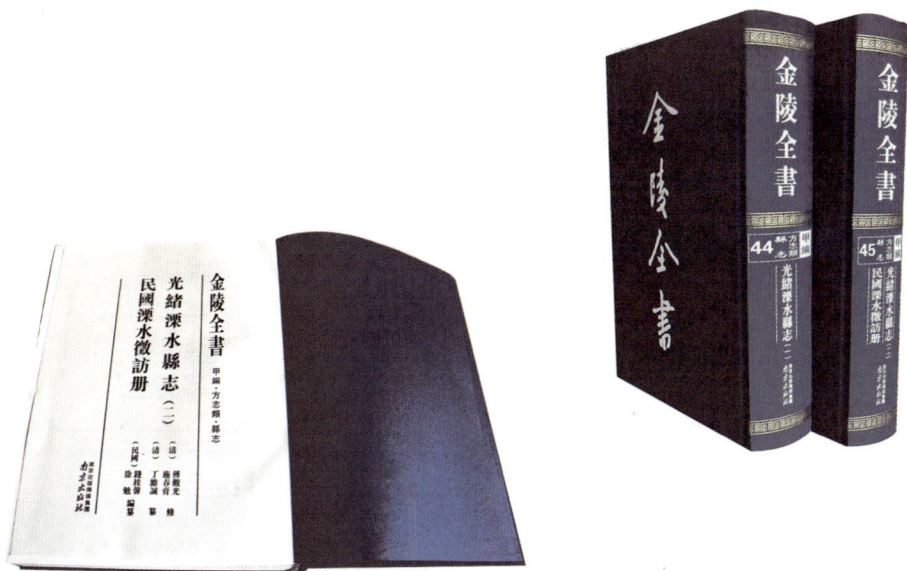

祠祀等内容；卷九选举志，记录科目表、武科表、征辟、仕籍、封赠、录荫等内容；卷十武备志，含有营制、邮递、兵事等内容；卷十一至卷十三人物志，分为乡贤、乡宦、忠义、孝友、文学、尚义、流寓、隐逸、方技等类；卷十四至卷十五烈女志，分为节妇、贞女、孝妇、孝女、烈妇、烈女等类；卷十六至卷十八艺文志，分为记、序、铭、赋、诗歌等类；卷十九名胜志，包括古迹、碑碣、坟墓等内容；卷二十二氏志，记录仙释、寺观等内容；卷二十一轶事志，记载撷拾等内容；卷二十二为旧志序跋与修纂旧志衔名。记事止于光绪七年（1881），在体例上较该县旧志有所创新。在内容上重点关注了咸丰、同治年间发生在该县的太平天国战事及其带来的社会影响。

《民国溧水征访册》体例仿志式，但并未设卷，按照内容的不同，依次分为学官、书院、学校、经费、商会、宦绩、武功、忠节、孝义、儒林、节妇、孝女共十二类。自光绪七年修纂《光绪溧水县志》，至1990年新修《溧水县志》出版，百余年间除《民国溧水征访册》以外，溧水尚未见任何乡土史志资料。《民国溧水征访册》虽然简略，但亦记录了清末民初该县的许多人文和史迹，为溧水留下了非常珍贵的历史资料，因而显得弥足珍贵。

◎ 版本信息：《光绪溧水县志》系南京图书馆藏清光绪九年（1883）刻本，22卷首1卷；《民国溧水征访册》系南京市溧水区档案馆藏民国十二年（1923）抄本。全2册，定价2600元，2013年12月出版。ISBN 978-7-5533-0364-2

高淳县志

　　《金陵全书》甲编·方志类·县志·高淳县志共有7种10册（总定价13000元），上起明末，下至清末，是研究高淳（今南京高淳区）历史的重要文献。

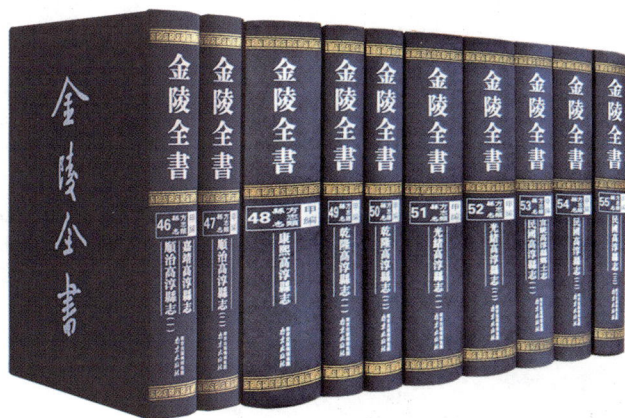

嘉靖高淳县志·顺治高淳县志

〔明〕刘启东　修，贾宗鲁　纂；〔清〕纪圣训　修，林古度　纂

　　《嘉靖高淳县志》为现存最早的高淳县志。高淳本属溧水县，于明弘治四年（1491）割溧水西南七乡，即镇为县。该志是高淳历史上继明正德九年（1514）高淳知县顿锐修第一部县志后编修的第二部县志，体例悉仿《大明一统志》，而"体裁条格，悉自规划"。卷首为《重修高淳县志序》《高淳县志序》《重刻高淳县志题词》《高淳县志图》《修志名氏》《修志凡例》《重修高淳县志目录》。卷一为建置、分野、县名、疆域、形胜、气候、风俗、山川、坊乡、物产、赋课、户口、城池、

兵防、孳牧；卷二为公署、学校、秩官、选举、人物；卷三为坛祠、恤典、古迹、陵墓；卷四为艺文、外志、灾异。卷末为《高淳县志后序》。书中保存了高淳县不少珍贵史料。

《顺治高淳县志》为高淳历史上第四部县志。该志前有四境全图、高淳县图、衙舍图、学宫图；卷一为分野、沿革表、邑纪；卷二为官制考、官师表（包括学职、属职等目）；卷三为荐辟考、科贡表（包括例供、掾选、封赠、恩荫等目）、武科表（包括武爵、武职等目）；卷四为建置志（包括公署、学校、邮舍、坊表、祠庙、寺观、桥渡等目）、祀典志；卷五为疆域志（包括街道、市镇、乡里等目）、形胜志、山川志（包括山岭、岗陇等目）；卷六为水利志、古迹志、杂志；卷七、卷八为风俗志、物产志、赋役志（包括户口、土田、税粮、徭役、杂赋等目）、盐政；卷九为赋役考；卷十到卷十三为列传（包括乡贤、忠臣、义士、文学、隐逸、贞烈、方技、仙释等目）；卷十四到卷十八为艺文志。

◎ 版本信息：《嘉靖高淳县志》系宁波天一阁藏明嘉靖五年（1526）修、四十一年重刻本，4卷；《顺治高淳县志》系国家图书馆藏清康熙十八年（1679）增刻本，18卷。全2册，定价2600元，2015年1月出版。ISBN 978-7-5533-0607-0

康熙高淳县志

〔清〕李斯伶、叶楠等　纂修

卷一图纪、星野、沿革表；卷二疆域、形胜；卷三山川志，包含山岭、冈陇、墩坳、湖河、潭湾、沟港、滩嘴、塘荡、井泉；卷四风俗；卷五建置志，包含公署、邮舍、坊表、祠庙、桥渡；卷六户口；卷七田赋，包含粮税、徭役；卷八赋役考；卷九水利志、物产、邑防；卷十祀典；卷十一学校；卷十二科贡、武科；卷十三官制考、官师表；卷十四名宦；卷十五乡贤；卷十六至卷十八人物列传；卷十九恤典；卷二十祥异；卷二十一古迹；卷二十二至卷二十四艺文；卷二十五杂志。

修志之时，"矢严矢慎，昕夕孜孜，或析疑文于故老，或考时事于案牍"，用据用料丰富，且皆有所本，记载的每个官师政绩，必询士民，非确有公论者一律不书，编纂过程极为严谨。对高淳建县前，出生于本邑且于地方较有影响的人物，也备书详载，这对于现在新设市县人物志的编写仍有参考价值。

◎ 版本信息：南京图书馆藏清康熙二十二年（1683）刻本胶卷，25卷。全1册，定价1300元，2013年12月出版。ISBN 978-7-5533-0384-0

乾隆高淳县志

〔清〕朱绍文 修，盛业 纂

    该志卷首列旧序、图纪，卷一沿革志，卷二建置志、疆域志，卷三至卷四山川志，卷五学校志，卷六祀典志，卷七至卷九赋役志，卷十官师表，卷十一选举表，卷十二恤典志、祥异志，卷十三至卷十四寺观志，卷十五古迹志，卷十六至卷二十三列传，卷二十四艺文志，卷二十五摭轶、遗编。共分十四类二十目。

    该书对于之前诸志诸说，加以条辨荟萃；同时，广泛参阅，力补遗缺，弥补正史所不足。其中，山川志统括湖渠水利，详载高淳县境内丹阳、石臼、固城三湖自明初以来的水域、渠道变迁，论析设坝、设闸对苏州、常州及高淳诸邑的利弊，尤具史料价值。基于纂修参阅的资料丰富、采录的范围广泛，朱绍文序言称赞"始足以信今而传后"。

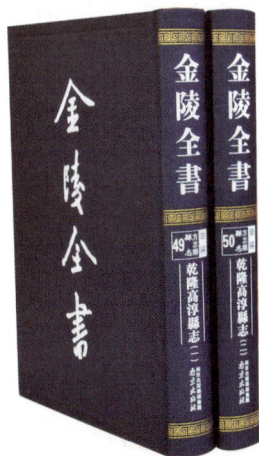

◎ 版本信息：南京图书馆藏清乾隆十六年（1751）刻本，25卷。全2册，定价2600元，2013年12月出版。ISBN 978-7-5533-0366-6

光绪高淳县志

〔清〕杨福鼎　修，张裕钊、陈嘉谋等　纂

　　该志卷首有序、旧序、前修志名氏、图纪；卷一沿革志；卷二建置志；卷三山川志（上、下）；卷四疆域志；卷五学校志；卷六祀典志；卷七赋役志（户口、土田、赋额、支给）；卷八和卷九分别为赋役考志（上、下，盐额附）；卷十官师表；卷十一选举表；卷十二恤典志、祥异志；卷十三祠庙志；卷十四寺观志；卷十五古迹志；卷十六至卷二十分别为名宦、乡贤传，乡宦传，忠臣、义烈、孝子、义夫、文学传，笃行、好义传，隐逸、艺术、流寓、仙释传；卷二十一艺文志；卷二十二至卷二十七分别为贞女、烈女、双节传，贞节传，殉难传；卷二十八摭轶、补遗。共十八类。

◎ 版本信息：南京图书馆藏清光绪七年（1881）续修《高淳县志》（学山书院刊本），28 卷，首 1 卷。全 2 册，定价 2600 元，2013 年 12 月出版。ISBN 978-7-5533-0360-4

宣统高淳县乡土志·民国高淳县志

〔清末民国〕吴寿宽　编；〔清末民国〕刘春堂　修，吴寿宽　纂

　　《宣统高淳县乡土志》系根据京师编书局颁发的乡土志例目编辑而成，前附《高淳县图》，正文按照历史、地理、格致三科十五条设纲立目、雕琢内容。历史科包括建置、政绩、兵事、耆旧、人类、户口、氏族、宗教、实业等内容；地理科涵盖方域、山、水、道路等门类；格致科则以物产、商务等编次。

　　《民国高淳县志》是高淳县史上第八次修纂的县志，该志记事始于光绪七年（1881），卷目和《光绪高淳县志》相同，内容则按原有卷目各从其类，分门增辑充实，并在每门与原书之尾注明"以上旧志"，划清界限。

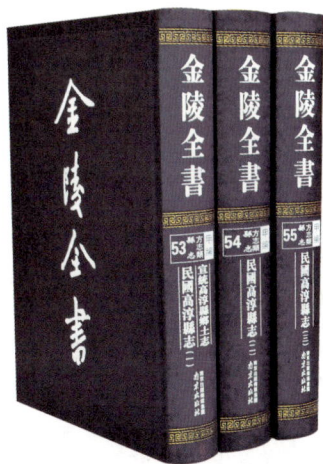

◎ 版本信息：《宣统高淳县乡土志》系南京图书馆藏民国二年（1913）活字本，不分卷；《民国高淳县志》系南京图书馆藏民国七年（1918）刻本，28卷，首1卷。全3册，定价3900元，2013年12月出版。ISBN 978-7-5533-0363-5

专志

《金陵全书》甲编·方志类·专志已出 37 种 15 册（总定价 17500 元），上起明代，下至民国，是研究历代自然山水和人文历史的重要文献。

栖霞小志·摄山志·栖霞新志

〔明〕盛时泰　著；〔清〕陈毅　撰，汪志伊　删补，钱大昕　考订；
〔民国〕陈邦贤　编

《栖霞小志》为明代南京方志。是有关栖霞山和栖霞寺的第一部专志。内容包括庵堂、岩泉、摩崖题刻、塔幢、碑铭以及盛时泰跋。该志兼顾自然景观和人文景观，弥漫着浓厚的佛教文化气息。

《摄山志》为清代南京方志，摄山即栖霞山。该志内容涉及图说、形胜、创始、建置、人物、有关栖霞山寺之各体文学作品、考证、灵异、诗话、杂记。卷首天章，专记乾隆皇帝驻跸栖霞行宫时所作的诗歌及匾额对联。该志具有很高的文献及历史认识价值。

《栖霞新志》为民国南京方志。内容涉及沿革、形势、交通、古迹、人物、文艺、学校、自治、物产、风俗。该志"用今话文纪述志略，系属创举"，征引繁富，详列参考书籍，体现了作者所处的现代学术背景。

◎ 版本信息:《栖霞小志》系南京图书馆藏清嘉庆己卯(1819)江宁友恭堂刻本,不分卷;《摄山志》系南京图书馆藏清乾隆庚戌（1790）苏州府署雕印本, 8 卷;《栖霞新志》系南京图书馆藏 1934 年上海商务印书馆初版本, 10 章。全 1 册, 定价 1000 元, 2012年 4 月出版。ISBN 978-7-80718-858-2

牛首山志·献花岩志·盋山志·石城山志·南汤山志·覆舟山志

〔明〕盛时泰　撰；〔明〕陈沂　著；〔清〕顾云　编；
〔清末民初〕陈诒绂　撰；〔民国〕严伟　著；〔民国〕汪訚　撰

《牛首山志》为明代南京专志。内容涉及山名志、岩洞志、池泉志、殿庐志、草树志、法实志、游览志、麓藻志、《城山堂集》诗词。该志生动地叙述了牛首山地理环境与人文景观，收录了自唐至明朝大量文人墨客描写牛首山寺庙、岩泉、草木的诗文，是第一部，也是唯一一部有关牛首山的专志，具有较高的史料价值。

《献花岩志》为明代南京专志。献花岩位于南京城南的祖堂山南麓。正文分为山石志、岩洞志、水泉志、台甃志、宫宇志、卉木志、异蓄志七个部分。是迄今为止有关献花岩的第一部志书，也是唯一的一部志书，具有较高的史料价值。

《盋山志》为清代南京专志。盋山是钟山余脉石头山（即清凉山）之支干。盋山脚下以龙蟠里为中心，方圆十多里（相当于今鼓楼区范围）。内容涉及形胜、祠庙、园墅、人物、艺文。该志是有关南京历史文化的重要乡邦文献，有较高的史料价值。

　　《石城山志》为清末民初南京专志。石城山，又名石头山，即今天南京城西的清凉山。该书以清末顾云《盋山志》为张本，略者使详，散者使整，围绕石城山，分山北路、山南路、山东路三个部分，依照《水经注》的体例，详细叙述了这一地域的名胜古迹和风土人情。该志是有关南京历史文化的重要乡邦文献，有较高的史料价值。

　　《南汤山志》为民国时期南京专志。内容涉及旧闻、建置、名胜、艺文、杂俎。还收录了20世纪初期科学界对汤山地理、地质和温泉的研究成果。该志是了解和研究汤山地区历史文化，尤其民国时期历史文化十分难得的参考资料。

　　《覆舟山志》为民国时期南京专志。覆舟山因山形似一只倾覆的船而得名，又名小九华山。内容涉及自然概况、园林、寺庙、墓葬、战事、诗文、名僧传、三藏塔。该志是南京历史上第一部关于覆舟山的志书，为今人研究覆舟山的历史提供了重要的线索。

◎ 版本信息：《牛首山志》系南京图书馆藏明抄本，2卷；《献花岩志》系南京图书馆藏明抄本，1卷；《盋山志》系南京图书馆藏清光绪癸未（1883）刻本，8卷；《石城山志》系南京图书馆藏《续金陵琐志二种》本；《南汤山志》系南京图书馆藏民国二十六年（1937）本；《覆舟山志》系南京图书馆藏《南京文献》本。全1册，定价1000元，2012年3月出版。ISBN 978-7-80718-857-5

秦淮志·运渎桥道小志·后湖志·金陵后湖事迹·后湖事迹汇录·玄武湖志

〔民国〕夏仁虎　撰；〔清末民初〕陈作霖　编；

〔明〕赵官等　编，万文彩等　重修；

〔清末民初〕王作械　初纂，钱福臻　增辑；

〔清末民初〕王作械　初纂，钱福臻　增辑；〔民国〕夏仁虎　纂

　　《秦淮志》为民国时期南京专志。内容分为流域、汇通、津梁、名迹、人物、宅第、园林、坊市、游船、女闾、题咏、余闻。该志填补了秦淮河历史上没有专志的空白。

　　《运渎桥道小志》为民国时期南京专志。以古运渎为经线，以横跨运渎之上的众多桥梁为纬线，不仅记述了这一地区流传的掌故逸闻，而且详细叙

述并考证了里巷、街衢、桥梁、祠宇、园林的变迁以及人情风俗的变化，是有关南京历史文化的重要乡邦文献。

《后湖志》为民国时期南京专志。内容包括事迹、事例、诗文。该志突破山水专志的局限，借后湖之名，略写后湖沿革和形胜，详写后湖的黄册，使得这部专志成为有关明代赋役黄册的文献汇编，是关于玄武湖湖心岛上的黄册库的重要史料。

《金陵后湖事迹》为民国时期南京专志。内容涉及后湖汇录、后湖杂考、后湖记、后湖图说、湖神庙图说、后湖图跋语、湖神庙图跋语、铜钩井小引、像赞、题像诗、后湖图题咏、前人诗钞杂选、近人诗钞杂选、湖神庙内楹联杂志、湖神庙内匾额杂志、书后。该志保存下来的有关清代玄武湖的资料，具有较高的史料价值。

《后湖事迹汇录》为清代南京专志。内容包括后湖汇录、后湖杂考、后湖记、后湖图说、湖神庙图说、后湖图跋语、湖神庙图跋语、铜钩井小引、曾文正公遗像、像赞、题像诗、后湖图题咏、前人诗钞杂选、近人诗钞杂选、湖神庙内楹联杂志、湖神庙内匾额杂志、书后。该志保存的有关清代玄武湖的资料，具有较高的史料价值。

《玄武湖志》为民国南京专志。内容涉及往迹志、人物志、艺文志、名胜志、物产志，并附有《玄武湖图》。该志保存了民国时期有关玄武湖的资料，具有较高的史料价值。

◎ 版本信息：《秦淮志》系南京图书馆藏民国三十七年（1948）《南京文献》第二十四号，铅印本，12卷；《运渎桥道小志》系南京图书馆藏清光绪乙酉（1885）江宁陈氏刻本，1卷；《后湖志》系金陵图书馆藏影印明刊本，11卷；《金陵后湖事迹》系南京图书馆藏清抄本，1卷；《后湖事迹汇录》系南京图书馆藏清宣统二年（1910）南洋印刷官厂代印本，1卷；《玄武湖志》系南京图书馆藏民国二十一年（1932）刊本，8卷。全2册，定价2000元，2013年1月出版。ISBN 978-7-5533-0103-7

莫愁湖志·莫愁湖志·添修莫愁湖志·莫愁湖志·浦口汤泉小志

〔清〕马士图 撰；〔清〕醉吟馆主人 续纂；〔清〕三山二水吟客 续纂；〔清〕甘勋 撰；〔民国〕龚心铭 撰

　　《莫愁湖志》（马士图撰）为清代南京专志。上册卷首为莫愁湖志自序、莫愁湖志题词、目录、莫愁湖序、莫愁湖图、莫愁湖赋；卷一为莫愁湖诗借；卷二为山水、关梁、祠庙、古迹；卷三为文考；卷四为画社；下册先录郁金堂诗词证小引、莫愁小像、郁金堂八景题咏；卷五为郁金堂诗证；卷六为郁金堂词证，缀以补梦。是研究清代莫愁湖的重要文献之一。

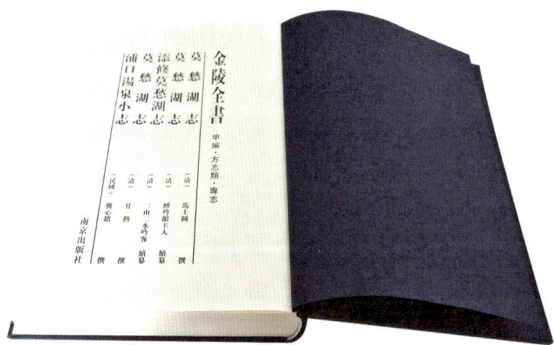

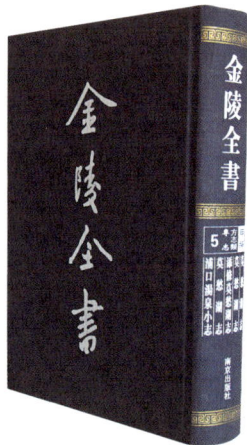

《莫愁湖志》（醉吟馆主人续纂）为清代南京专志。该志为对马士图《莫愁湖志》的补充。内容涉及图像、关梁、古迹、山水、祠庙、文考、诗证、词证、楹联。是研究清代莫愁湖的重要文献。

　　《添修莫愁湖志》为清代南京专志。该志是对醉吟馆主人纂《莫愁湖志》的进一步补充。卷上为叙、莫愁湖图、莫愁湖像、徐中山王像、曾文正公像、山水、关梁、古迹、祠庙；卷下为文考、诗证、词证、楹联、跋。是研究清代莫愁湖的重要文献。

　　《莫愁湖志》（甘勳撰）为清代南京专志。甘勳《莫愁湖志》与马士图《莫愁湖志》相比，既有相同之点，更多独特之处。该志包含湖名、形胜、古迹、诗事、画社、艺文、杂缀诸篇，颇较旧志出新。是研究清代莫愁湖的重要文献。

　　《浦口汤泉小志》为民国时期南京专志。该志编排虽显庞杂，但内容堪称丰富，既汇编了诸多历史资料，亦收录了民国年间来到汤泉之中外人士的诗文、留言，而志中所见生活、文物、旧迹之照片、拓片、地图，更具存史留旧之文献价值。

◎ 版本信息：《莫愁湖志》（马士图撰）系南京图书馆藏清光绪十七年（1891）刻本，6卷；《莫愁湖志》（醉吟馆主人续纂）系南京图书馆藏清光绪刻本，不分卷；《添修莫愁湖志》系南京图书馆藏清光绪十四年（1888）刻本，2卷；《莫愁湖志》（甘勳撰）系南京图书馆藏清光绪年间甘勳手稿本，不分卷；《浦口汤泉小志》系南京图书馆藏民国十七年（1928）铅印本，不分卷。全1册，定价1000元，2013年1月出版。ISBN 978-7-5533-0141-9

金陵园墅志·瞻园志·明孝陵志·总理陵园小志

〔民国〕陈诒绂　撰；〔民国〕胡祥翰　撰；〔民国〕王焕镳　撰；
〔民国〕傅焕光　撰

　　《金陵园墅志》是南京地区第一部园林专志。该志所征引的史料全面可信，取舍得当，对于明清两代及民国南京一地之园宅搜罗尤详。这部著作对于我们了解南京地方文化传承、了解南京城市建设历史，对于盛时修志、老城改造、旧景重现等，都提供了难得的第一手资料。

　　《瞻园志》为瞻园第一部专门的志书，书前冠诸青来序，附金陵附郭胜迹图（附瞻园略图）一幅，"瞻园薇亭""旧邸奇石一""旧邸奇石二"照片三幅。全书共分沿革、艺文、杂识三卷。

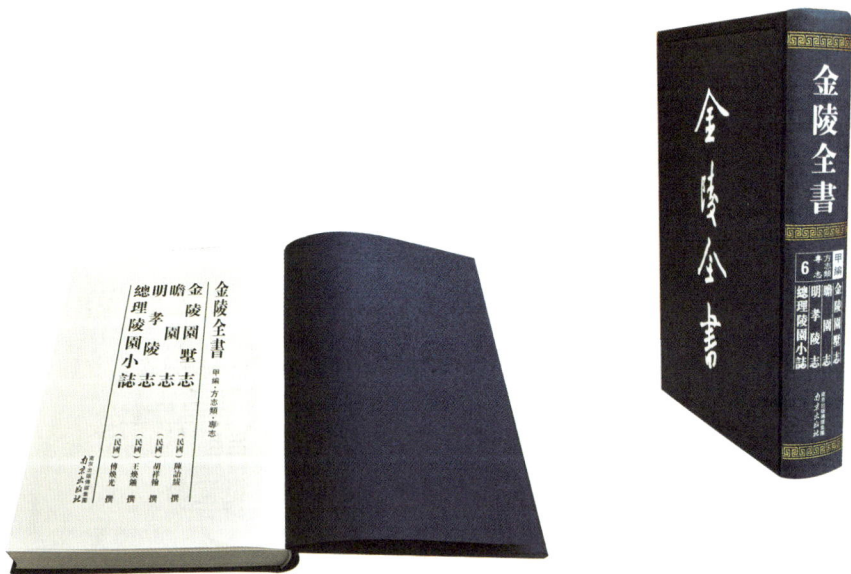

《明孝陵志》卷首为柳诒徵序，后列插图计四十余幅。目录列正文七卷，卷一形胜，卷二规制，卷三丧葬，卷四谒祭，卷五守缮，卷六灾异，卷七艺文。该志记述了明孝陵方方面面的内容，为此后明孝陵文物古迹的科学保护及其历史原貌的恢复，提供了重要参考。

《总理陵园小志》记述了紫金山地质、气候、动植物、陵墓工程筹备经过、纪念建筑工程建设、道路、给水工程、配套工程、园林建设、森林、农业生产、植物园、陵园名胜、陵园界内学术机关、陵园界内重要建设经费等诸多方面翔实内容，是记载孙中山先生陵园建设的宝贵资料性文集，也是中山陵园建设不可多得的资料性档案汇编。

◎ 版本信息：《金陵园墅志》系南京图书馆藏民国二十二年（1933）翰文书店本，3卷；《瞻园志》系南京图书馆藏民国三十一年 （1942） 铅印本，3卷；《明孝陵志》系南京图书馆藏钟山书局本，7卷；《总理陵园小志》系南京图书馆藏民国二十二年（1933）京华印书馆本。全1册，定价1200元，2013年7月出版。ISBN 978-7-5533-0216-4

金陵梵刹志

〔明〕葛寅亮　撰

　　该志仿北魏杨衒之《洛阳伽蓝记》而体裁不同，不仅述寺庙，亦兼述祠政。该书首《御制集》，次《钦录集》。三卷以次则分述各寺，计大寺三、次大寺五、中寺三十八、小寺一百三十，分别介绍各寺兴废沿革、名胜风景、殿堂、公产、山水、古迹、人物等；艺文方面先录御制文，次录碑记、塔铭，次录高僧传志，次录诗作；大寺之前，绘有寺图。四十九卷为《南藏目录》，罗列《永乐南藏》所收录佛教经、律、论各典籍书目。五十卷依次为《租额条例》《公费条例》《僧规条例》《公产条例》，保存葛寅亮所制订各项规制，及各寺收支等经济史料。该书体例谨严，搜罗完备，是一部十分难得的明代南京佛寺通志，是研究有关明代史、明代佛教史、南京佛教史以及南京佛刹与南朝佛教史的重要历史文献。

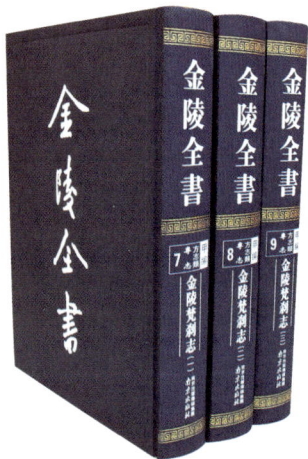

◎ 版本信息：南京图书馆藏明万历三十五年（1607）刻本，53卷。全3册，定价3600元，2013年7月出版。ISBN 978-7-5533-0217-1

折疑梵刹志

〔清〕释悟明　撰

　　该志提供了明代大报恩寺的种种详细史料，留下了第一手档案性资料，有益于学人之研究，亦有助于斯地之保护与重建。此书也反映了清代大报恩寺的全面状况，后人可以由此看出清代佛教发展的特点，对于书中所列的种种禁约，恰是当时僧众备受朝廷之优渥，恃宠而骄，享有种种特权的反映。

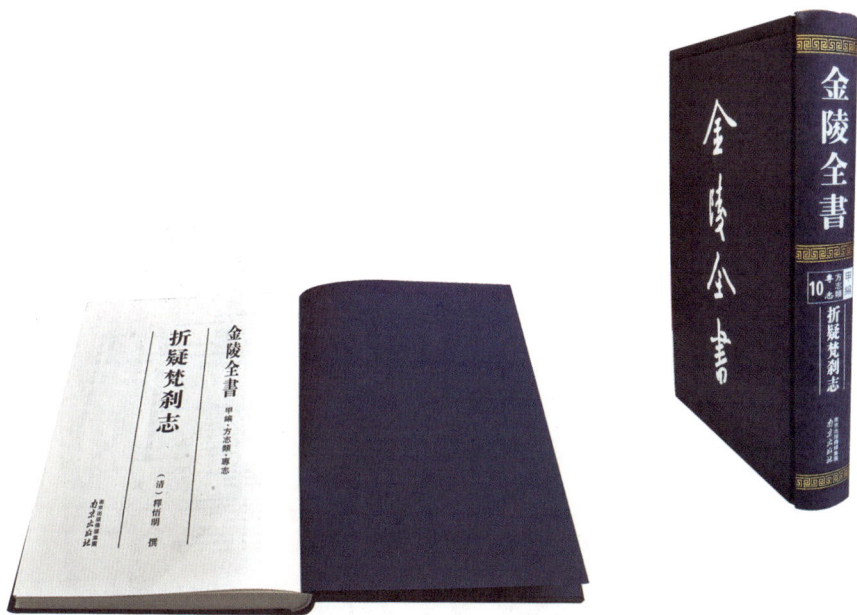

◎ 版本信息：南京图书馆藏清抄本，8卷（存卷一至卷四，卷六，卷八）。全1册，定价1200元，2013年7月出版。ISBN 978-7-5533-0304-8

南朝佛寺志·灵谷禅林志·津门祖庭汇志

〔清〕孙文川　葺述，〔清末民初〕陈作霖　撰；
〔清〕甘熙　修；〔清末民初〕释辅仁　撰

　　《南朝佛寺志》上卷记东吴、东晋、刘宋三代，下卷录萧齐、梁、陈三代，共收南朝六代一百多年间金陵佛寺二百二十六所。此书对金陵佛寺的考证极富贡献，堪称地方文献经典之作，至今仍是查考金陵佛寺与研究南朝佛教史的重要文献。

《灵谷禅林志》是一部专门记述灵谷寺历史的小志。全书十四卷首一卷，其中卷首宸翰、钦颁法物、朱批奏折、寺图；卷一沿革；卷二山水；卷三建置；卷四旧迹；卷五寺产；卷六灵感；卷七至卷八高僧；卷九至卷十四杂著。朱绪曾《道光志序》评价说："甘实庵大令，辑《灵谷寺志》成，体例分明，辩证博洽，其大指在抉择醇雅，而不语怪也……引《高僧传》诸书以断其非，刊讹正谬，皆有根据，尤非率尔操觚者比矣！"

　　《律门祖庭汇志》详细地介绍了古心和尚弘法事迹，以大量的历史资料为佐证，为律宗正本溯源。又引用了很多寺志内容，阐述古林寺的历史发展及在佛教中的重要地位。因其引用史料较多，且为原文照录，故此书有极高的史料价值。

◎ 版本信息：《南朝佛寺志》系南京图书馆藏清光绪年间《金陵琐志五种》刻本，上下两卷；《灵谷禅林志》系南京图书馆藏清道光二十年（1840）刊本，14卷首1卷；《律门祖庭汇志》系南京图书馆藏民国十六年（1927）铅印本，不分卷。全1册，定价1300元，2013年7月出版。ISBN 978-7-5533-0305-5

南船纪·龙江船厂志

〔明〕沈启 著;〔明〕李昭祥 撰

　　《南船纪》共四卷。第一卷首刊两图，分别介绍船舶内部和外部的结构、名称，再依次刊载各类船舶的图形、名称、用途、尺寸、用料、用工、造价等，记载极为详尽；第二卷记载各类型船舶的因革事例，各军卫额设船舶种类、数量、修造规定、添造、裁革等情况；第三卷记典司，即主管官员和各类工匠人等的组织机构及龙江提举司所属地产；第四卷记载造船、修船、收放料、料余等章程及则规。本书是我国古代流传至今最完备的船书，对木船结构、原理，工料定额等记载极为详尽，是很有价值的古代造船技术典籍，并为造船史乃至古代手工业史研究提供了珍贵资料。既是当时的"部颁标准"，又是经官方审定的"船政管理应用手册"。

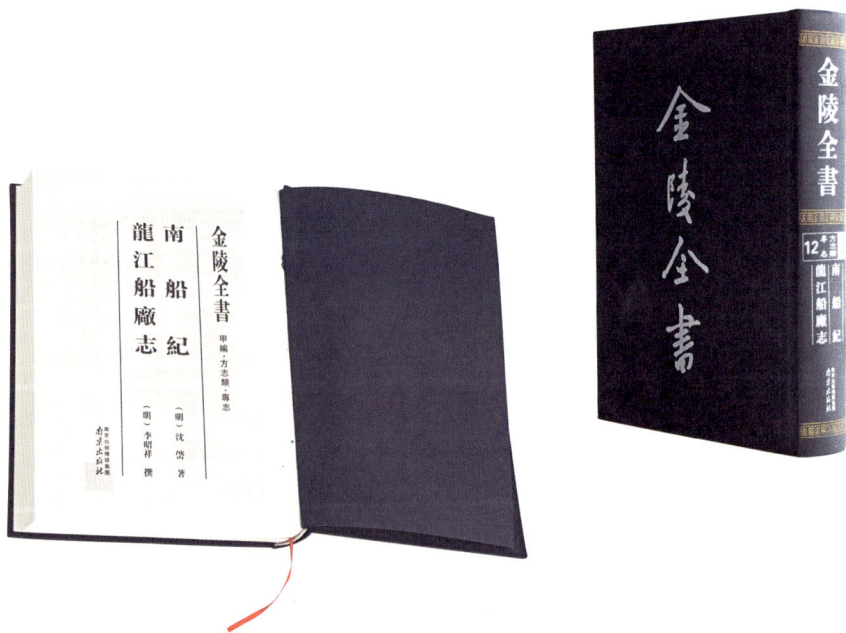

《龙江船厂志》是在《南船纪》的基础上编撰而成，有训典志、舟楫志、官司志、建置志、敛财志、孚革志、考衷志、文献志八卷。其资料来源，一是辑录当时所见官方文书，档案卷宗；二是汲取前人成果，主要是参阅此前十年《南船纪》《南厂纪》等；三是亲临现场，探究访求，丈量计算，调差统计，即所谓"博考载籍、名物度数、沿革始末，一一书之"，凡事隔久远，无从稽考者，一概从略。写作态度极为严谨审慎，故所述多翔实可信。该志特点一是体例上有创新，从实际出发，因时制宜，自成体系，繁简得中而又能"纲目相属，先后有伦"；二是在指导思想上突破了"有美无刺，隐恶扬善"的陋习，专列一孚革志，深揭船厂弊端三十事，其中多真知灼见；三是经世致用的目的很明确，仅船的图式，就达二十余帧，是研究古代造船技艺的重要典籍；四是汇集的资料很丰富，对研究龙江船厂的方位、四至、规模、造船工艺、古代官办船厂的管理思想、体制以及与宝船厂的关系等方面均提供了第一手资料，极具史料价值。

◎ 版本信息：《南船纪》系南京图书馆藏明抄本，4 卷；《龙江船厂志》系南京图书馆藏明抄本，8 卷。全 1 册，定价 1300 元，2015 年 10 月出版。

ISBN 978-7-5533-0607-0

江宁府重建普育堂志

〔清〕涂宗瀛　述

　　本志共八卷，卷一原始，简述江宁普育堂自雍正创建至同治重建之过程；卷二基址，总述各堂坐落、扩建过程及规模；卷三田产，详列普育堂名下收租之房、洲、田产；卷四义捐，列同治四年（1865）至九年间所收捐款；卷五章程，述善堂各项管理条例；卷六报销，即同治四年至十年六月间之会计账目；卷七职名，列同治十年前普育堂所有正办、副办及委绅姓名；卷八碑记，收录雍正、乾隆及同治年间与普育堂相关的碑刻资料。该志是研究晚清官营善堂制度与运行模式的珍贵资料，书中收录的房地产交易信息、房地租价格，以及房地图说，可以为南京社会经济史研究提供有价值的参考。

◎ 版本信息：南京图书馆藏民国十五年（1926）重印本，8 卷。全 1 册，定价 1300 元，2015 年 11 月出版。ISBN 978-7-5533-1034-3

江宁府重修普育四堂志

〔清〕涂宗瀛　原辑，孙云锦　重纂

　　《江宁府重修普育四堂志》共六卷，在沿用前志体例的基础上，各卷内容亦有微调。卷一建置，合并了前志原始与章程两卷内容；卷二义捐，载同治四年（1865）至光绪十年（1884）所收捐款；卷三职名，列同治四年至光绪十二年正办、帮办、会办委员姓名；卷四图说，包括普育堂堂址及普育堂名下收租收捐之房地产；卷五度支，载各年份收支项目及详细数额，迄于光绪十一年；卷六碑记，收录雍正、乾隆及同治年间与普育堂相关的碑刻资料。

◎ 版本信息：南京图书馆藏民国十五年（1926）重印本，6 卷。全 1 册，定价 1300 元，2015 年 11 月出版。ISBN 978-7-5533-1029-9

钟山书院志·学山尊经两书院志·金陵旌德会馆志·南京气候志

〔清〕汤椿年　辑，金增　编；〔清〕李前泮　修；〔民国〕任治沅　辑；
〔民国〕卢鋈、欧阳海　编

　　《钟山书院志》共十六卷，系统详细地介绍了书院的创建者，所处地理位置，创建缘由与落成经过，书院德高望重的掌教，学习生活情况，珍藏典籍，以及当时著名的文士与书院学生所作的文章等内容。本书还附有书院环境景色的图画，让读者可以直观客观地了解书院的全部。《钟山书院志》自刊行以来，被多次引述，清甘熙在《白下琐言》中多次引用《钟山书院志》，而与其同时期的《金陵待征录》中，作

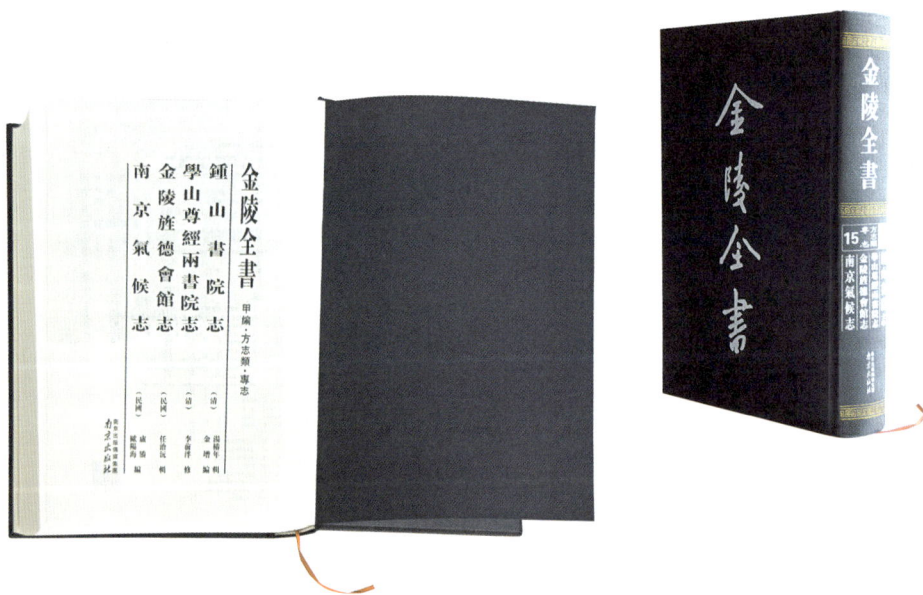

者金鳌记本书为："《钟山书院志》，汤椿年辑，金增编。分二十类，规划之勤、训课之肃，具在焉。其后有规条、学约之刻，则分课升降，而竞争之风宜戢矣。"

《学山尊经两书院志》一册。本书开卷首列李前泮学山尊经两书院志序，详述编志始末。次列学山全图明确方位。三列许心源（湘岚）所题书院之明伦堂、尊经阁、敬一亭三处的楹联。四列六十八位乡绅董事名录。其后目录依次为学山书院原序、原记、原启，重建学山书院记，公事，学山书院规条，尊经书院原序，尊经书院章程，尊经书院学规，学山尊经两书院藏书目录，学山尊经两书院存款，学山书院房业基址号数，尊经书院市房基址号数，学山书院田地号数。全面详细地介绍了书院的整体情况。

《金陵旌德会馆志》一册。旌德地处皖南山区，黄山北麓，其民从商历史悠久，足迹遍布荆、楚、吴、越，而荟萃于金陵一地尤为集中。旌德在金陵建会馆，始于清乾隆四年（1739）。本书分原始（碑记附）、沿革（馆章附）、集会、产契、产图共五大部分，书前有任治沅、江泽亮、汪期瑜所作的序。书以独特的视角，翔实的资料，记载了旌德商民在南京的活动情况以及南京城市发展的某个侧面，是南京社会变更、人口流动、风俗民情等方面不可多得的珍贵资料。书中的二十二幅绘图，对研究南京街巷的演变、建筑规模及风格的传承等诸多方面，弥补了实物不存的遗憾，为南京近代城建不可多得的档案资料。

《南京气候志》，最早刊载于民国三十六年（1947）南京通志馆印行之《南京文献》第十二号，是南京乃至我国第一部以"气候志"冠名的著作。全书分地理环境，气压与风，温度，湿度、云量及日照，降水，天气，月令七章，书后附有"南京之气压"等十六表。该书以专业的眼光、流畅的文笔、翔实的资料，较早而又全面地反映了南京一地的气候状况，开了我国城市气候志著述的先河，在南京的科技著述中有一定的地位。书中对中国近代地理学和气象学的奠基者竺可桢等专家对南京气候研究成果的引用，使得该书具有全面性和权威性。

◎ 版本信息：《钟山书院志》系南京图书馆藏清雍正三年（1725）院藏刻本，16 卷；《学山尊经两书院志》系上海图书馆藏清光绪十九年（1893）学山书院木活字刊本；《金陵旌德会馆志》系南京图书馆藏民国十七年（1928）铅印本；《南京气候志》系南京图书馆藏民国三十六年（1947）《南京文献》刊本。全 1 册，定价 1300 元，2015 年 11 月出版。ISBN 978-7-5533-1091-6

乙编·史料类

六朝史料

《金陵全书》乙编·史料类·六朝史料共有 9 种 4 册（总定价 2600 元），上起唐代，下至民国，是研究六朝历史的重要史料。

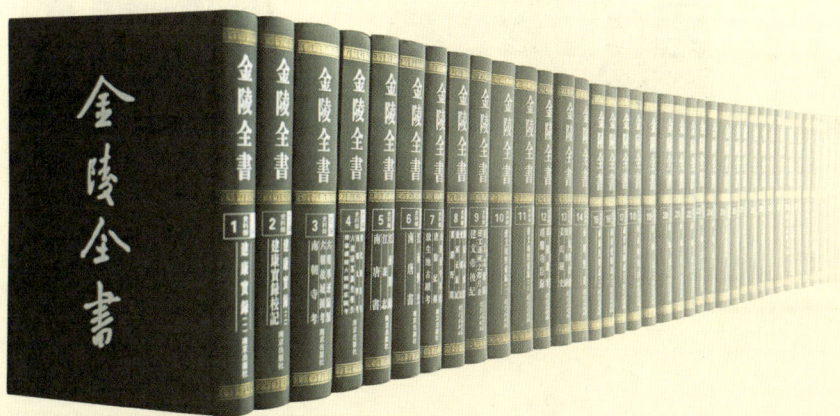

建康实录·建康实录校记

〔唐〕许嵩　撰；〔民国〕郦承铨　补正

　　《建康实录》是一部记述定都于建康的孙吴、东晋、宋、齐、梁、陈六朝史事的书籍，始于汉献帝兴平元年（194）孙吴起事，终于陈祯明三年（589）后主失国，叙各代兴废大端、君臣行事，尤注重于六朝遗迹的记载，保存了唐代以前大量建康史的资料。

　　《建康实录校记》是民国年间学者郦承铨对《建康实录》一书的补正。两书对于研究六朝史，特别是南京地区历史地理，有重要的参考价值。

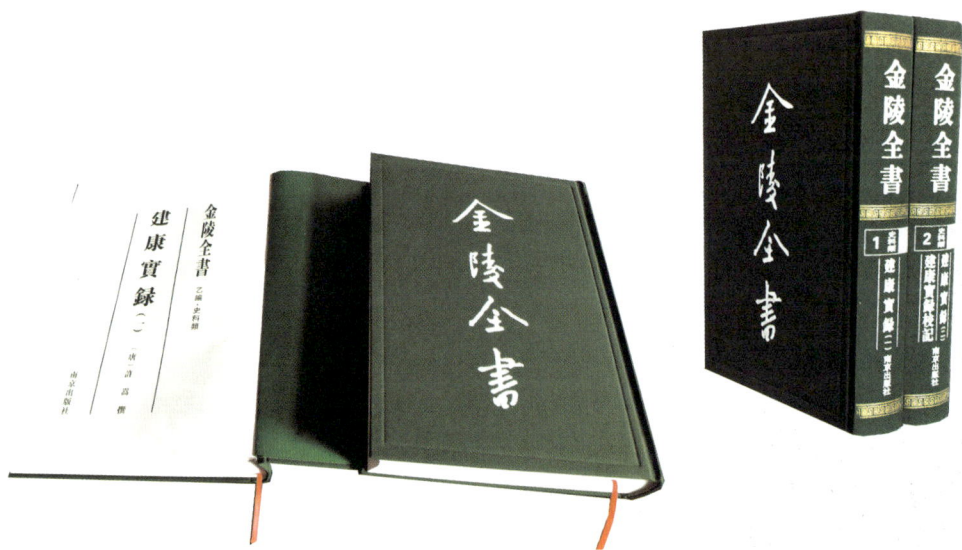

◎ 版本信息：《建康实录》系中国国家图书馆藏宋绍兴年间刊本（《中华再造善本》），20卷；《建康实录校记》系南京图书馆藏民国二十三年（1934）铅印本，2卷。全2册，定价1200元，2010年9月出版。ISBN 978-7-80718-621-2

六朝事迹编类·六朝故城图考·南朝寺考

〔宋〕张敦颐 撰；〔清〕史学海 撰；〔清〕刘世珩 撰

《六朝事迹编类》以六朝都城建康为中心，记述了孙吴、东晋、宋、齐、梁、陈六个王朝的历史演变和遗留下来的文物古迹，是研究六朝历史和南京地方史的重要史料。

《六朝故城图考》汇集了考证六朝都城建康的相关图文资料，是研究六朝都城的一部重要文献。

《南朝寺考》在清末孙文川《金陵六朝古寺考》和陈作霖《南朝佛寺志》基础上，对六朝建康佛寺广泛征录搜求，发掘史料，纠正补遗，是研究六朝建康佛寺的重要参考文献。

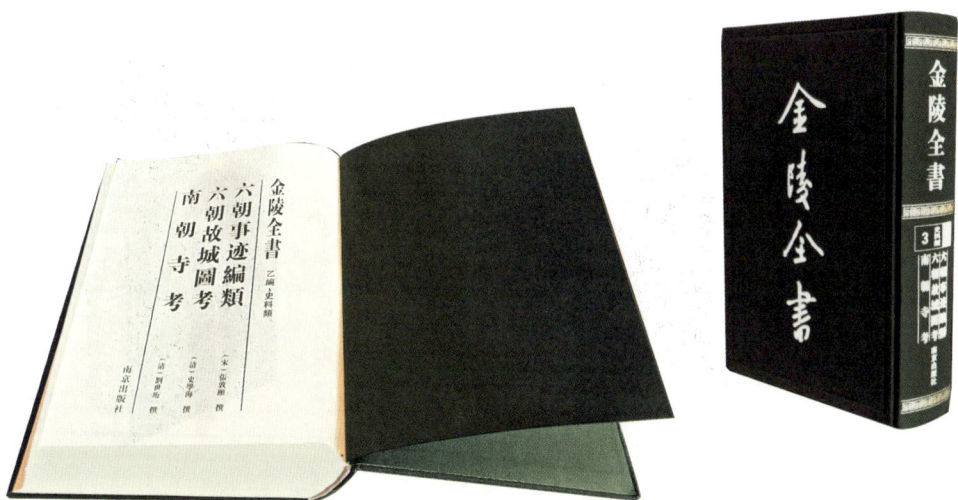

◎ 版本信息：《六朝事迹编类》系南京图书馆藏清光绪十三年（1887）宝章仿刻宋本，14卷；《六朝故城图考》系南京图书馆藏清光绪十年（1884）翁长森家抄本，6卷；《南朝寺考》系南京图书馆藏清光绪三十三年（1907）刻聚顾丛书本，6卷。全1册，定价800元，2011年1月出版。ISBN 978-7-80718-673-1

梁代陵墓考·南朝太学考·六朝陵墓调查报告·建康兰陵六朝陵墓图考

〔清末民初〕张璜　撰；〔民国〕柳诒徵　撰；
〔民国〕中央古物保管委员会编辑委员会　编；〔民国〕朱偰　著

《梁代陵墓考》中保存有若干珍贵的石刻图片、地图和手绘线图，是研究南京和周边地区六朝陵墓及其神道石刻的第一部专著。

《南朝太学考》记叙了六朝太学的沿革变迁，官师设置，各朝变化及历朝著名学生，是研究南朝教育制度的重要参考资料。

《六朝陵墓调查报告》对六朝陵墓及神道石刻进行了系统的实地调查和分析考证，是今人研究六朝陵墓的必备参考资料。

《建康兰陵六朝陵墓图考》在实地调查的基础上对南京和丹阳的六朝陵墓及石刻进行了系统的研究，是研究六朝陵墓和石刻的一部重要参考资料。

◎ 版本信息：《梁代陵墓考》系南京图书馆藏民国十九年（1930）上海土山湾印书馆铅印本，7章；《南朝太学考》系南京图书馆藏民国十八年至十九年（1929—1930）《史学杂志》，2卷；《六朝陵墓调查报告》系南京图书馆藏民国二十四年（1935）中央图书馆筹备处印刷所铅印本，不分卷；《建康兰陵六朝陵墓图考》系南京图书馆藏民国二十五年（1936）商务印书馆铅印本，不分卷。全1册，定价600元，2011年11月出版。ISBN 978-7-80718-672-4

南唐史料

《金陵全书》乙编·史料类·南唐史料共有10种3册（总定价2600元），上起宋代，下至民国，是研究南唐历史的重要史料。

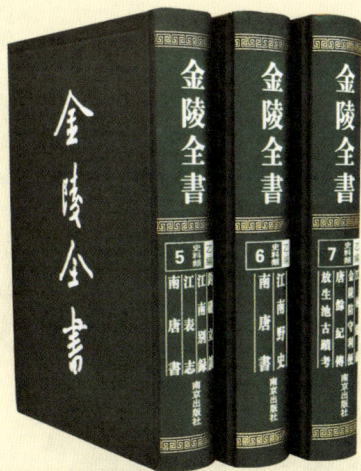

钓矶立谈·江南别录·江表志·南唐书

〔宋〕史虚白　撰；〔宋〕陈彭年　撰；
〔宋〕郑文宝　撰；〔宋〕马令　撰

　　《钓矶立谈》一卷，作者不详。《宋史·艺文志》题为南唐史虚白著，四库馆臣认为作者应为史虚白之子。《钓矶立谈》是一部有强烈政论性的史著，其体例是夹叙夹议。在选材上，作者特别注重有关国家盛衰兴亡之事，如南唐对外政策的转变以及党争的经过，并展现了特殊年代中不同出身、不同文化背景的各类文人的风貌。这些特点使该书在同类著作中独具一格。《钓矶立谈》以大量篇幅记述南唐先主李昇和以韩熙载、史虚白为代表的主张北伐的群臣的讨论。作者认为南唐错失了趁乱北上统一中原的良机。

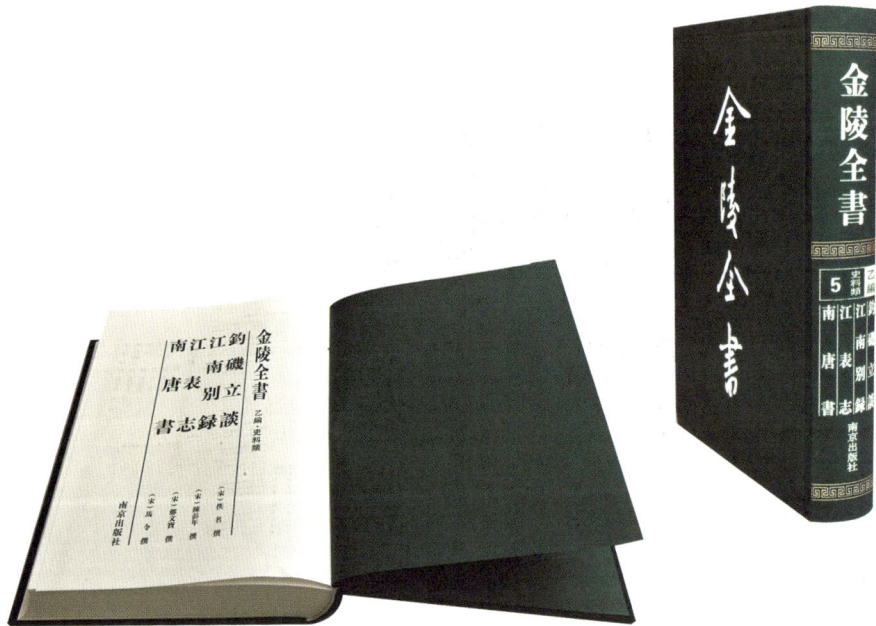

《江南别录》从杨行密临终记起，分徐温、烈祖、元宗、后主四部分记述，这一体例避免了对杨吴、南唐这两个实则一脉相承的政权的人为割裂，有其独到之处。其书虽不免仍留有杂记痕迹，然已较有连贯性，对政权的演变过程及其间激烈的政治权力之争有较完整的记录。陈彭年早年出入南唐宫廷，亲身经历南唐政事，故其书以所见所闻补他书不足，史料价值尤高，司马光著《资治通鉴》，也采用了其书史料。

《江表志》是以记南唐朝廷大事为主。分先主、中主、后主三卷，每卷皆附有诸朝皇子、将、相、使、臣表，这为现存所有南唐史著中所仅有，可见郑文宝作此书，意在编撰一部内容、体例详备的南唐国史。

《南唐书》是现存最早的一部体例较为完备的纪传体南唐史，包括先主书一卷，记南唐先主李昇史事；嗣主书三卷，记南唐中主李璟史事；后主书一卷，记后主李煜史事；女宪传一卷、宗室传一卷、义养传一卷、列传四卷、儒者传二卷、隐者传一卷、义死传二卷、廉隅传及苛政传合为一卷、归明传二卷、方术传一卷、诙谐传一卷、浮屠传和妖贼传合为一卷、诛死传一卷、叛臣传一卷，另有党与传二卷、灭国传二卷；书末建国谱及世系谱合为一卷，前者为地理志，后者为李氏族谱。

◎ 版本信息：《钓矶立谈》系南京图书馆藏清曹寅《楝亭十二种》本，1卷；《江南别录》系南京图书馆藏明人陆楫所辑《古今说海》本，1卷；《江表志》系南京图书馆藏清张海鹏所辑《墨海金壶》本，3卷；《南唐书》系南京图书馆藏明嘉靖二十九年（1550）顾汝达刻本，30卷。全1册，定价800元，2012年1月出版。

ISBN 978-7-80718-792-9

江南野史·南唐书

〔宋〕龙衮 撰；〔宋〕陆游 撰

　　《江南野史》在宋代又有《江南野录》之称，见南宋王明清的《挥麈后录》、李焘《续资治通鉴长编》。王铚《默记》又称之为《江南录》。现存《江南野史》十卷，以纪传体成书。卷一先主，卷二嗣主，卷三后主宜春王，卷四至卷十为列传合传，共载三十一人。

　　《南唐书》为纪传体南唐史，是陆游传世至今而本未署名的唯一史著。本纪三卷，记李昇、李璟、李煜时事；列传十四卷，记宋齐丘等一百余人事；又浮屠、契丹、高丽合为一卷。成书于宋淳熙十一年（1184）前后。在陆游之前，已有北宋胡恢、马令所著《南唐书》两种。陆游之所以再著《南唐书》，尤为关键者，是就大义言，陆游不满胡

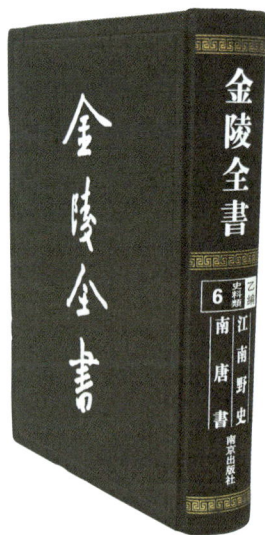

氏贬谓南唐三主李昪、李璟、李煜为"载记"，而马氏贬称之为"书"。陆游《南唐书》"自烈祖而下皆为纪"，即视南唐为承唐的正统王朝，而非偏霸或者僭越的政权。陆游撰述《南唐书》，尊李昪、李璟、李煜为纪，其意在尊偏安的南宋为正统、贬拥有中原的金朝为僭伪；颇异于胡恢、马令两家的立传人选、去取标准、排列次序，是意在表彰忠节、宣扬风教、劝善惩恶、鞭挞奸佞、斥损朋党；至于诸多的"论曰"，评价得失兴亡，总结经验教训，非为南唐而发，乃为南宋而发也。然则这样的影射当朝、针砭时事，或有触讳之隐患，或遭流俗之口诽，此应是陆游虽著书却不署名的缘故所在。

◎ 版本信息：《江南野史》系南京图书馆藏清末胡思敬辑《豫章丛书》本，10卷；《南唐书》系南京图书馆藏明崇祯三年（1630）虞山毛氏汲古阁刊本，18卷。全1册，定价800元，2012年1月出版。ISBN 978-7-80718-791-2

江南余载·金陵防守利便·唐余纪传·放生池古迹考

〔宋〕佚名 撰；〔宋〕陈芜、吴若 撰，吕祉 辑；〔明〕陈霆 撰；
〔民国〕简斋居士 撰

　　《江南余载》泛记南唐李氏三世四十年间人物逸闻、典章制度等杂事共九十一条。关于此书的作者，无论是绍兴年间改定的《秘书省续编到四库阙书目》、南宋郑樵的《通志艺文略》、元末脱脱的《宋史艺文志》，抑或是明杨士奇的《文渊阁书目》，清代的《四库全书》等等，皆不着撰人名氏。

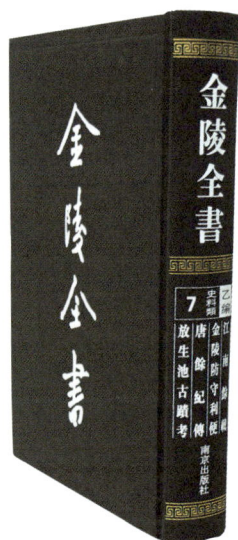

《金陵防守利便》系从《东南防守利便》上卷中节抄。抄者选其上卷抄录，原因可能有二：一是此抄者可能为金陵人，选其中与金陵最为有关的内容抄录；二是抄者稍作删改，意欲标新立异。此抄本卷端无"刻《东南防守利便》序"及"进《东南防守利便》缴状"。抄书年代无考。

　　《唐余纪传》是陈霆根据从德清知县冯焕处得到的《南唐书》残本，重新编订，"网罗轶遗，补辑残阙，去舛订是，别为一书"。

　　《放生池古迹考》的"正文"部分主要节选了诸家志乘中关于乌龙潭放生池的记载，然后依次收录乌龙潭及颜鲁公祠的历代碑文。

◎ 版本信息：《江南余载》系南京图书馆藏《龙威秘书》本，2卷；《金陵防守利便》系南京图书馆藏南宋吕祉著《东南防守利便》；《唐余纪传》系南京图书馆藏明嘉靖二十三年（1544）冯焕刻本，18卷；《放生池古迹考》系南京图书馆所藏之该书二版本，不分卷。全1册，定价1000元，2012年3月出版。ISBN 978-7-80718-855-1

明代史料

《金陵全书》乙编·史料类·明代史料已出55种54册（总定价67200元），上起明代，下至民国，是研究明代历史的重要史料。

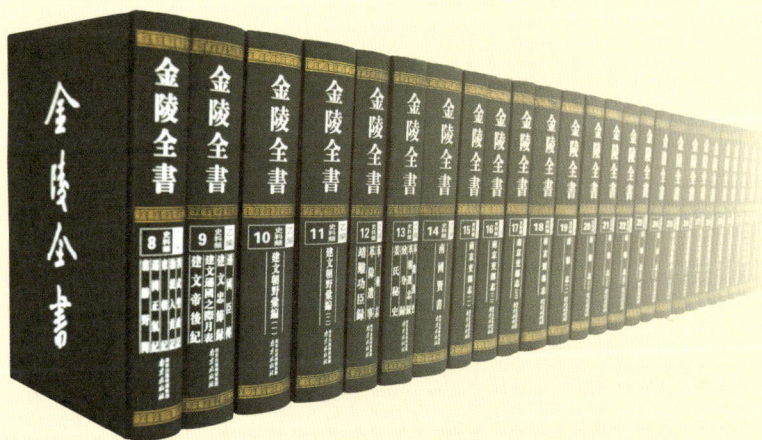

洪武圣政记·渤泥入贡记·东朝纪·逊国正气纪·弇胜野闻

〔明〕宋濂 撰；〔明〕宋濂 撰；〔明〕王泌 撰；〔明〕曹参芳 撰；
〔明〕徐祯卿 撰

　　《洪武圣政记》，顾名思义，是一部记载明太祖朱元璋执政思想、理念的政论性史书。成书于明朝洪武年间，由宋濂与僚属根据朱元璋的谕旨、讲话，以及有关部门的上奏文书、有关官员与朱元璋的对话编辑而成。经宋濂上奏给朱元璋阅后刊行于世。

　　《渤泥入贡记》全面记载了渤泥国自然地理、建筑饮食、文字服饰、物产习俗、风土民情，是目前发现的中国有文字记载的官方第一次出使文莱的文献，也是研究中国和文莱交流史，以及郑和下西洋历史的重要参考文献。可补充《明史》卷三百二十五《外国传六·淳泥列传》的不足。

《东朝纪》，共有记载二十余条，开首的五条内容专记太子朱标；其余皆为记录朱标之子朱允炆自洪武二十五年（1392）九月十三日册封为皇太孙、洪武三十一年闰五月十六日即皇帝位，直至未遁之前在兰香殿聚珠宝异物及沥青之事。全书较为详细地记述了建文帝登基的原委、在位的政绩、凄凉的晚景以及当时的宫廷秘史。该书篇幅虽然不多，但每条记载都很重要，对于了解明初建文朝的历史演变有重要参考价值；同时对于了解明初历史、南京皇宫的建制、洪武到永乐的演变、宫廷的内幕等，均有重要的参考价值，是不可多得的重要史料。

《逊国正气纪》书前自序作于崇祯十七年（1644）中秋前一日，此时距李自成攻入北京、崇祯自缢于煤山已有五个月，距福王在南京即位已有三个多月，历史正在上演最为纷乱惨痛的场景，天下离乱，生灵涂炭，士人失国失君，一时士大夫殉国者甚多。但李自成入京时有文臣迎降劝进，清军入关时有武将开关导引，作者出于义愤，撰成此书，意在表彰忠义，激励节气，亦寓对明朝灭亡的反思与总结于其中。

《翦胜野闻》为明代笔记小说，共有四十六则，记载的明朝初年掌故轶闻大多与明太祖朱元璋有关。

◎ 版本信息：《洪武圣政记》系南京图书馆藏明嘉靖二十九年至三十年（1550—1551）袁氏嘉趣堂《金声玉振集》本，1卷；《渤泥入贡记》系南京图书馆藏清康熙四十九年（1710）刊刻《明初遗事七种》本，1卷；《东朝纪》系清顺治三年（1646）宛委山堂本，1卷；《逊国正气纪》系中国国家图书馆藏明末刻本，8卷首1卷；《翦胜野闻》系南京图书馆藏明刻《历代小史》本，1卷。全1册，定价1300元，2013年11月出版。ISBN 978-7-5533-0320-8

逊国臣传·建文忠节录·建文逊国之际月表·建文帝后纪

〔明〕朱国祯　撰；〔明〕张芹　撰；〔明末清初〕刘廷銮　撰；
〔清〕邵远平　撰

　　《逊国臣传》为建文朝死难诸臣与忠于建文帝之义士、隐逸传集。无序跋，有自撰之《皇明逊国诸臣引》一篇。与诸多有关建文朝的史籍相比较，《逊国臣传》特别值得指出者有两点：其一，旁征博引。其二，评价公允。

　　《建文忠节录》成书于正德丙子五月，即正德十一年（1516）五月。正德以降，建文史事之禁渐趋松动，种种相关的"平反"史籍陆陆续续出现，唯因史籍多以"备遗""拾遗""革朝""革除"等为名，可见这一敏感问题尚未完全解禁，史家笔触也未能真正放开。同时，由《翁方纲纂四库提要

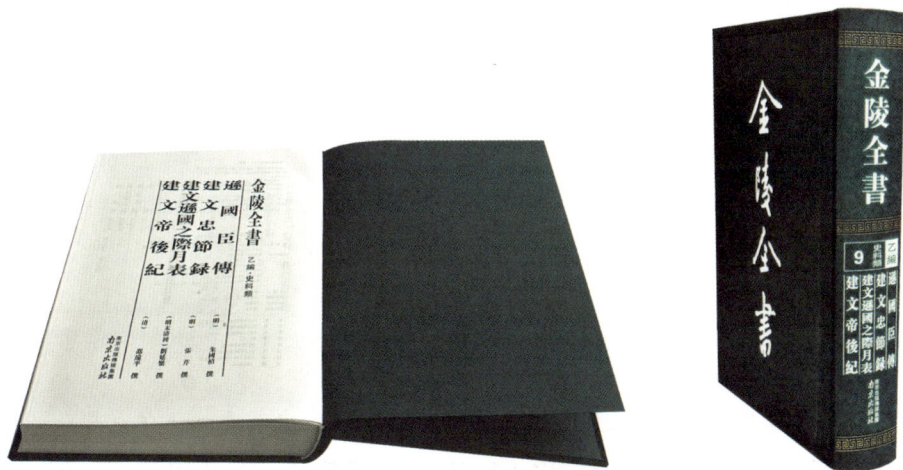

稿·备遗录》所言"目列四十六人，卷内有事实者二十人，其无事实者二十六人，而齐泰、黄子澄、景清皆在焉，想见当日革除后之事迹考索为难也"云云，又可见建文殉节诸臣的历史记载曾被抹杀得相当彻底的状况，而此亦为《建文忠节录》之关键史料价值所在。

《建文逊国之际月表》起"洪武三十有一年戊寅夏闰五月"，止"正统五年庚申冬十月"，以表格形式排列了建文帝自"即皇帝位"至"诏迎建文皇帝入大内，宫中皆称老佛"四十二年间（1398—1440）的大小事迹与相关史事。其搜罗堪称广博，考订可谓细致，数据颇富，足资参考。

《建文帝后纪》为建文帝朱允炆生平小传。书中内容，从建文帝幼时写起，描述了太祖皇帝对其的喜爱与栽培；对于"靖难"史事，则以精简篇幅略及之；而关于京师（今南京）城破后建文帝下落的交代，与《建文逊国之际月表》大致相同，即取出逃西南之说，并对流亡事迹记载颇称详细；对建文帝结局的描写，亦与《建文逊国之际月表》略同，所谓"迎入西内，号老佛，时年六十四。后以寿终，葬西山，不封不树"云云。

◎ 版本信息：《逊国臣传》系南京图书馆藏明崇祯刻本《皇明史概》本，5 卷；《建文忠节录》系南京图书馆藏清道光十一年（1831）六安晁氏木活字排印《学海类编》本，不分卷；《建文逊国之际月表》系南京图书馆藏民国《贵池先哲遗书续刊》本，2 卷；《建文帝后纪》系南京图书馆藏《昭代丛书》本，1 卷。全 1 册，定价 1300 元，2013 年 9 月出版。ISBN 978-7-5533-0321-5

建文朝野汇编

〔明〕屠叔方　纂

　　《建文朝野汇编》一书大约纂于作者辞官归隐的十余年间。屠叔方悉心搜罗，参阅采摘了《文庙圣政记》《永乐实录》《革除遗事》《革除备遗录》《应天（府）志》《奉天靖难记》《白下纪闻》《逊志斋集》等一百三十二种史籍、志乘、杂录、笔记、文集以及年表，其中《汇编》中撰写列传人物竟达二百零五人（不含附传人物），可见该书涉及的文献和人物之多之广。

◎ **版本信息：**南京图书馆藏明万历刊本，20卷。全2册，定价2600元，2013年9月出版。
ISBN 978-7-5533-0323-9

革朝志·革除遗事·靖难功臣录

〔明〕许相卿　撰；〔明〕黄佐　撰；〔明〕朱当㴐　撰

　　《革朝志》是一部记录建文一朝君臣始末的史书，大约撰写于许相卿退官隐居期间。全书以纪传体形式记叙史事，从十卷的门目分类可看出作者对"革朝"事件不同人物的基本褒贬倾向。其中一曰君纪；二曰阃宫传，记后妃诸王；三曰死难列传，记方孝孺等四十八人；四曰死事列传，记铁铉等四十人；五曰死志列传，记黄钺等八人；六曰死遁列传，记彭与明等十六人；七曰死终列传，记王度等三人；八曰传疑列传，记王珫等十二人；九曰名臣列传，记沐春等六人；十曰外传，记李景隆等二十五人。作者主明惠帝朱允炆在靖难之役后出逃为僧说，遂设有死遁一传。事实上，主明惠帝朱允炆出逃为僧说，在明中期以

后还是比较有影响的。如明末清初谷应泰的《明史纪事本末》亦持此说。

《革除遗事》，一作《革除遗事节本》。所谓"革除"，乃明成祖朱棣夺取帝位后，下诏革除"建文"年号，复称"洪武"，因嫌于记载，乃称"建文"年间为"革除"。《革除遗事》的创作缘起，黄佐序云："惧湮也，何湮乎惧，惧史之逸之也。"方孝孺、黄子澄等皆忠臣，"忠则宜有传，否则何以示劝，故兹录之"。《革除遗事》原本十六卷，据《四库全书总目提要附录》所云：此书之作，倡议于黄佐，由其门生符验在郁衮《革朝遗忠录》、宋端仪《革除录》、张芹《备遗录》等反映建文朝史实的基础上搜辑并核订为十六卷。黄佐删其繁文，定为七卷，今存六卷。

《靖难功臣录》为"靖难之役"中朱元璋四子、燕王朱棣一方的功臣名录。"靖难之役"缘于朱元璋皇太孙、惠帝朱允炆的"削藩"之举。其时燕王朱棣为维护自身利益，以"清君侧、靖国难"为名，于建文元年（1399）大举起兵。"靖难之役"历时四年，以朱允炆失败、朱棣成功而告终结。永乐十九年（1421），成祖朱棣迁都北京，京师改为南京，降为陪都，明朝的历史也自此改变。在"靖难之役"中，燕王部将立下了汗马功劳。《靖难功臣录》所载人物，有姚广孝、李友直、谭渊、朱能、张玉、武胜、顾成、李彬、孙岩、陈珪、刘中孚、徐忠、薛禄、陈贤、陈暄、吴中、金忠、徐增寿凡十八人，人各有传，述其业绩之大略，或亦注明史料之来源；后又附封爵名数凡三十四人。

◎ 版本信息：《革朝志》系南京图书馆藏明万历海昌俞文忠刊本，10卷；《革除遗事》系南京图书馆所藏明抄本，6卷；《靖难功臣录》系南京图书馆藏明嘉靖二十三年（1544）陆楫等辑刊《古文说海》本，1卷。全1册，定价1300元，2013年9月出版。ISBN 978-7-5533-0324-6

革除逸史·革朝遗忠录·
致身录·姜氏秘史

〔明〕朱睦㮮　撰；〔明〕郁衮　撰；〔明〕史仲彬　著；〔明〕姜清　著

　　《革除逸史》是一部专门记述明初在靖难之役期间建文帝一朝的宫廷政变史事的著作。该书属逸史，记述方法为编年体，虽其史实取自大内之说和后世传闻，但该书仍不失为研究明初南京皇室内部政治事件的重要史料。

　　《革朝遗忠录》成书时间当在嘉靖四年（1525）与嘉靖十八年之间。该书卷首所收张芹、黄佐、敖英三序，虽是移花接木之作，但其撰写时间十分明确，依次为正德十一年（1516）、正德十五年、嘉靖四年。

《致身录》详细记述了其侍奉建文帝左右的经历，包括诸如苏松减赋、靖难剃度、从亡川贵、往来吴江等事迹，可视作是明代中期以来有关建文帝出亡及隐逸诸臣故事的一次大整合。

　　《姜氏秘史》大致形成于嘉靖初年。相较于同时期建文史籍，该书的一大特点便是仿效实录编年法纪建文史事，并在书后附诸臣事迹。其内容也较同类文本更为精核，尤其是针对坊间流传的齐东野语进行了辨讹。如世传王艮于成祖入城前一日，与解缙等人慷慨陈说，而后惟王艮一人赴死之说，姜氏则利用家谱等文献考订王艮实卒于此事之前。又如书中以南京锦衣卫百户潘瑄贴黄册等文献证燕王来朝不拜，对于当时流传甚广的建文帝出亡等事未予采录等等，足见姜氏编订此书时并不盲从的态度。此外，该书收录了较多明代靖难前后的诏令文书，颇具史料价值。

◎ 版本信息：《革除逸史》系南京图书馆藏《指海》本，2 卷；《革朝遗忠录》系南京图书馆藏清丁氏八千卷楼杜思刻本，2 卷附录 1 卷；《致身录》系百川学海本明刻本，1 卷；《姜氏秘史》系清丁氏八千卷楼抄本，1 卷。全 1 册，定价 1300 元，2013 年 6 月出版。ISBN 978-7-5533-0325-3

南国贤书

〔明〕张朝瑞　辑，许天叙　增补

　　《南国贤书》作为一部载录明代南畿乡试档案的科举文献，留存了大量资料。尤其在现存《明代应天府乡试录》仅存三十六科，残缺大半的情况下，《南国贤书》所提供的材料就显得尤为珍贵，是研究明代科举制度、查考南畿科场人物的一部翔实可信的档案文献。除此之外，由于全书罗列自洪武三年（1370）至崇祯六年（1633）几近整个明代应天府乡试的考官、考题、中式举人的信息，也给研究者提供了一个连续不断的、动态的科考情况的展示。

◎ 版本信息：南京图书馆藏明崇祯六年（1633）董天胤刻本，6 卷前编 2 卷。全 1 册，定价 1300 元，2013 年 9 月出版。ISBN 978-7-5533-0322-2

南京吏部志

〔明〕王逢年　重修

　　本志二十卷，卷目依次为：圣训、圣政、建官、公署、总职掌、文选司职掌、考功司职掌（计典附）、验封司职掌、稽勋司职掌、司务厅职掌（堂规附）、历官表上、历官表下、奏疏上、奏疏下、尚书传、侍郎传、郎中传、主事传、艺文上、艺文下。该志重修不仅取资于实录、会典、通志诸书，而且"参以稗官，证以野史，广以家乘，四出征求，不遗余力"，增补考订，其功匪浅。四卷传记几乎囊括明代任职南京吏部的所有主要官员（仅阙明末二十余年）的传记，当代人作传，非止资料丰富翔实，亦更可信；两卷艺文虽然只辑存二十九篇有关南京吏部的文章，但大多数相当罕见，有着重要的文献价值。

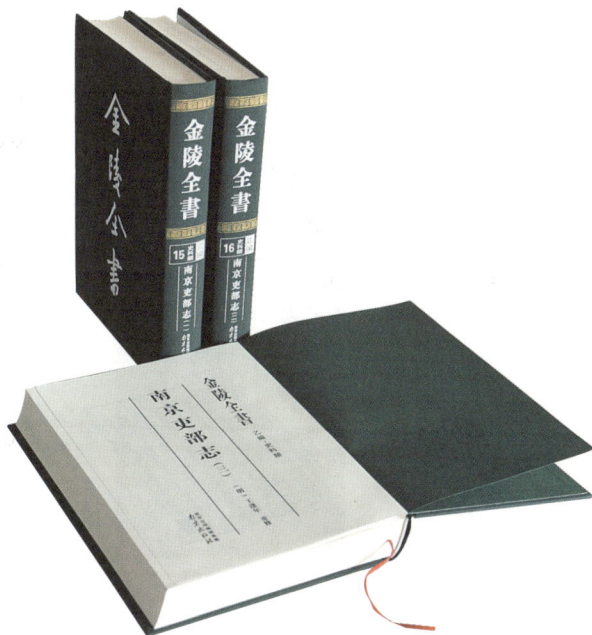

◎ 版本信息：台北"中央"图书馆藏明天启二年（1622）刊本，20 卷。全 3 册，定价 3900 元，2015 年 2 月出版。ISBN 978-7-5533-0728-2

南京刑部志

〔明〕陶尚德、庞嵩等　撰

　　本志是关于南京刑部之沿革、运作、人事、典故、事迹等方面的记载，共分四卷。卷一原刑篇，论述刑法顺应天地生杀之理，追溯历代刑官之制；卷二司刑篇，详述司法刑罚系统之各司相关人员及其职掌、建筑规划与用途、开支用度、运营章程、俸禄配给与神明祭祀；卷三祥刑篇，载录大量明前中期之榜文、律令、诰书、条格、案例等法律文书；卷四明刑篇，表列南京刑部自洪武至嘉靖历朝官员职名以及有关事迹、奏议、艺文，明代法律官员之在地实践得以鲜活呈现。该志详细程度远远超出《明史》《明会典》等史籍，是一部结构井然、资料充实、信息丰富、不可多得的官署志类文献。

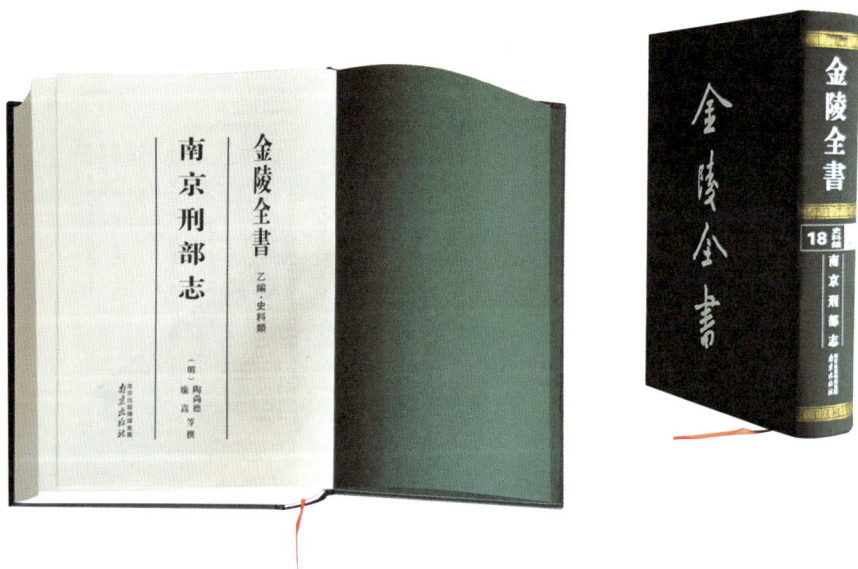

◎ 版本信息：南京大学图书馆藏明嘉靖刊本，4 卷。全 1 册，定价 1300 元，2015 年 9 月出版。ISBN 978-7-5533-0745-9

南枢志

〔明〕范景文　修，张可仕　纂

　　本志为明代南京兵部专志。全书分为二十四部，今存诸卷内容约为原著的一半，所存尚见武烈、钜典、国容、官制、形胜、职掌、条例、年表、留务、兵制、征发、学政、朝贡、列传、奏疏、汇余诸部。各部再分细目，前附总序，各目之前亦缀小序，主要涉及南京兵部的历史沿革、职掌、运作、相关官员提名及事迹等方方面面，亦保存有明代南京及周边地区其他方面的一些史料。总之，本书收录资料之翔实远过于《明会典》《明史》等史籍，且由于它们明显来源于当时官府档案，其准确可靠性不容怀疑，故对明代南京兵部乃至南都历史文化的研究等都具有极高的史料价值。

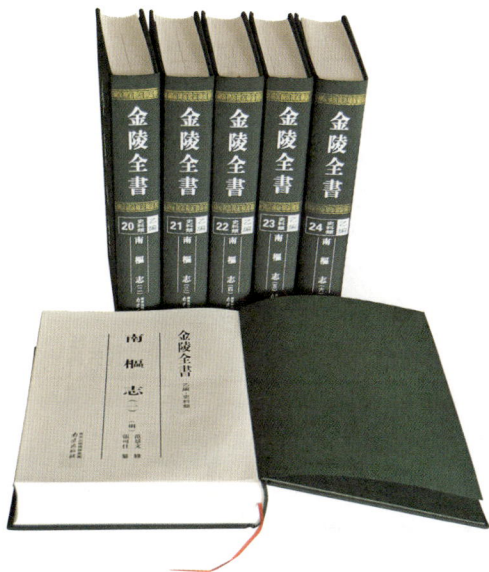

◎ 版本信息：南京图书馆藏台北成文出版社影印明末刊本。全6册，定价7800元，2015年4月出版。ISBN 978-7-5533-0756-5

南京都察院志

〔明〕徐必达　领修，施沛等　协纂

　　本志共四十卷，分皇纶、廨宇、职官、职掌、仪注、奏疏、公移、艺文、人物、志余十门。书前有南京都察院掌院事、兵部尚书祁伯裕《南京都察院志序》，户部尚书、管南京都察院事王永光《南京都察院志序》，徐必达《南京都察院志题词》；书后有施沛《南京都察院修志始末》。该志书前有全志之目录，各卷前有本卷之目录，查阅较为方便，资料翔实，源流清晰，具有较高的史料价值。"每则首冠以序，后系以赞"，纵观全志，有序有赞者居多，有序无赞甚至无序无赞者亦有。"奏疏"一门，志中或题作"奏议"，以至误导当代学者，以为志分十一门。

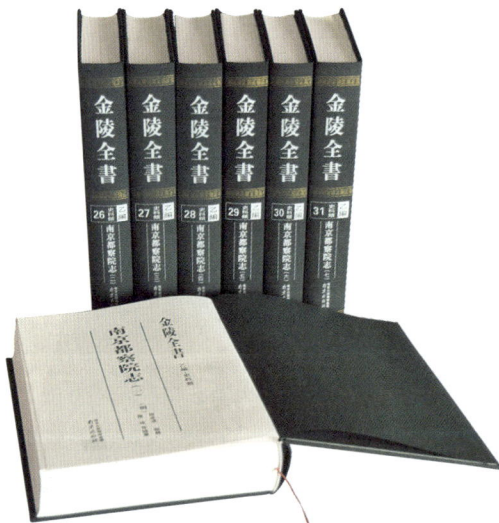

◎ 版本信息：南京图书馆藏《四库全书存目丛刊补编》本，40卷。全7册，定价9100元，2015年12月出版。ISBN 978-7-5533-1107-4

南京大理寺志·南京太常寺志· 南京太仆寺志

〔明〕林希元　撰；〔明〕汪宗元　撰；〔明〕雷礼　撰

　　《南京大理寺志》以成化年间南京大理寺旧志为基础，拾遗补阙而成。从序中可知，内容共有七卷，卷一建置，卷二官制，卷三禄制，卷四官署，卷五职守，卷六宦迹，卷七辞翰，详记南京大理寺建置沿革、设官分识、典章制度、俸禄官署、基本职掌、前贤事迹、艺文等。序末论及修志原因，一备本官署之掌故，以史为鉴，便与本署行事；二备任职本官署前贤事迹，垂范后世。该志前五卷已缺失，仅存卷六、卷七，原本藏天一阁博物馆，弥足珍贵。

　　《南京太常寺志》十三卷，卷一谟训纪，备书圣谕敕文，以见本寺建置之始；卷二规制书，志本寺所司，而绘之以图像；卷三职官书，志本寺官属，法史纪年表，备载品级、姓名、履历；卷四、卷五礼书，志本寺所司之礼；

卷六乐书，志本寺所司之乐；卷七旧制书，志郊庙大典，今不行而犹志之者，存乎旧耳；卷八荐献书，志本寺所供两京鲜品；卷九祭告书，志不时祭告；卷十祭器书，志各坛庙所藏之器，附以经籍以备文献；卷十一禄食书，志本寺官员禄制及乐舞生供，屡年增损皆具；卷十二夫役书，志本寺厨役、署户、庙户、陵户；卷十三列传，以年次先后附以行实，使前贤之绩垂之不朽。编纂过程中对吕九梏《容台纂例》、李玄锡《沿革志》两书内容有所增损，又搜故实于群籍，网罗巨细，兼有钱景山、钱元善相协采辑并为之校录刻行。该志首列谟训，从古今沿革之始，凡南京太常寺专掌之属悉以括之，分类叙述，其记载则巨细无遗，内容最为完赡，具有重要文献价值。

《南京太仆寺志》凡十六卷，卷一谟训，卷二孳牧，卷三征俵，卷四关换，卷五储买，卷六宽恤，卷七官寺，卷八属辖，卷九规制，卷十丁田，卷十一种马，卷十二草场，卷十三册籍，卷十四俸徭，卷十五列传，卷十六遗文。明中期马政制度弊端初显，边事战争兴起，太仆寺所需调配马匹大增，本志纂修意图即为使居其官者明本署职掌典故，以便各府县据之行事，以存往昔，以诏将来，重振马政之业。该志每卷卷前有引，卷末有按语，书中援古叙今，为明代记载南京太仆寺之事务，研究明代南京地区（即南直隶所属府州县）马政最为详尽之书，有备参考之价值。此外也可补《明史》、地方志等之遗，并互求证之。

◎ 版本信息：《南京大理寺志》系天一阁藏明嘉靖本，7 卷（前 5 卷缺）；《南京太常寺志》系天一阁藏明嘉靖本，13 卷（存前两卷）；《南京太仆寺志》系南京图书馆藏明嘉靖本，16 卷。全 1 册，定价 1300 元，2016 年 9 月出版。
ISBN 978-7-5533-1287-3

南京尚宝司志

〔明〕潘焕宿　编辑

　　该志卷前有傅宗皋序、考据书目、凡例、目录，卷末有潘焕宿跋。全书分十八志，依次志宝玺、符牌、印信、律令、建置、秩官、公署、职守、事例、仪规、服器、俸直、公帑、什物、衙役、历官、艺文、宦迹。除了宦迹志为三卷外，余各一卷，分类细致而允当。各志前有序，后有赞，体制谨严。作为唯一传世的有关尚宝司的专志，其内容之全面、材料之丰富、志事志物源流之清晰，足见其不凡的文献价值和史料价值。就结构而言，宦迹一志规模据全书之半，长处是提供了丰富的史料，短处则是比例失衡，似欠裁剪镕铸之工。

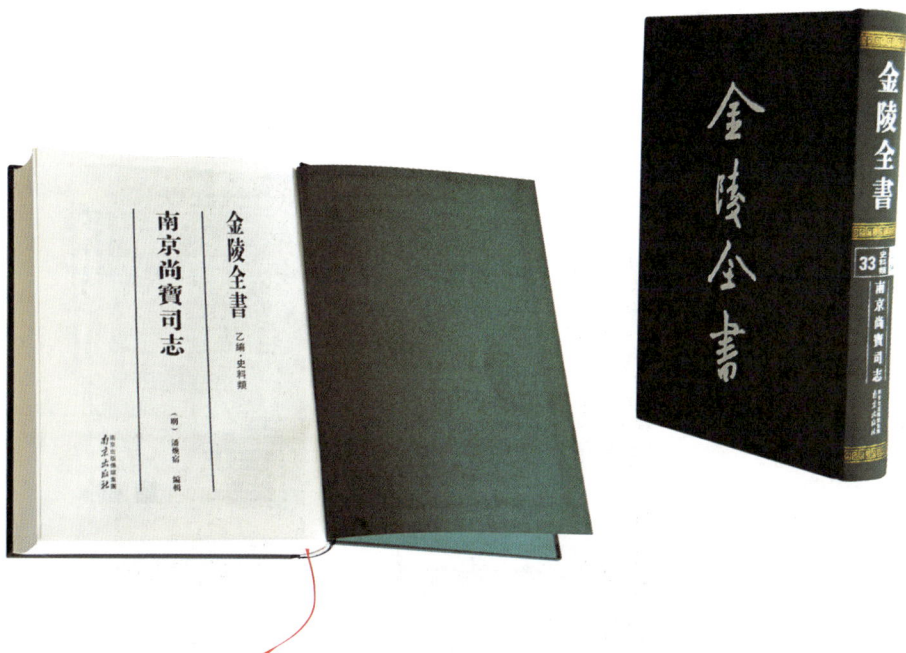

◎ 版本信息：南京图书馆藏明天启本，20卷。全1册，定价1300元，2016年9月出版。ISBN 978-7-5533-1289-7

留台杂记·南京詹事府志

〔明〕符验 辑；〔明〕刘昌 纂修，邵点 续修

　　《留台杂记》八卷（存卷一至卷六）。该书首叙记，次目录，又次留台总图、南京都察院图、东七道图、西六道图，是现存明代南京都察院最早之图式，又次南京都察院照磨所题名记，后为各卷。该书在明代两京官署修志风潮中成书较早，是南京都察院第一部志书，具有重要的文献价值。从体例上看，该书列九目，分门别类记载南京都察院的相关典故，与明后期成熟的官署志体例相比，仅缺少"圣训"与"列传"两部分，较为完备。其中"天文"一目，以星象附会官署，《四库全书总目提要》卷八十以为"亦迂而鲜要矣"。该书记载明代的部分多取材于《宪纲》、南京都察院札付、奏疏、案牍、碑记等官署文献，今多已佚，较为翔实且史料珍贵，价值颇高。

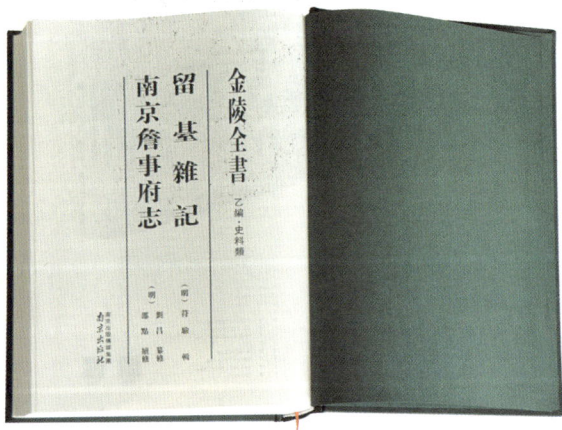

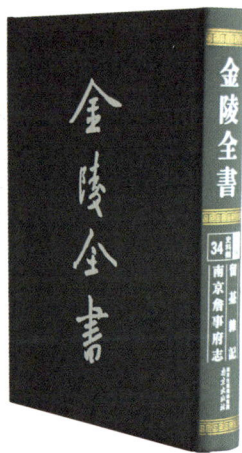

《南京詹事府志》原书二十卷，现存三卷，纂成于刘昌任南京工部主事召领纂修秘阁时。此本虽保留了二十卷之目，但正文仅残存三卷。从卷三"兼摄考"记隆庆六年事来看，该书被后人续修过。据书前丁绍轼天启三年（1623）序称"典簿张云鹏聘监生邵点修"，可知续修者为天启间国子监生邵点。该书是一部全面记录南京詹事府建置沿革、职掌范围、日常事务、府舍结构、大事年表、人物传记、上疏奏议的志书。今仅残存前三卷"建置考""沿革考""职司考""兼摄考""侍讲读考"的内容，殊为可惜。该书对于研究明代中央官制和皇室教育具有重要的史料价值。

◎ 版本信息：《留台杂记》系天一阁藏明万历本，8 卷；《南京詹事府志》系国家图书馆藏明天启本，20 卷（现存 3 卷）。全 1 册，定价 1300 元，2016 年 5 月出版。
ISBN 978-7-5533-1288-0

南京工部职掌条例·
南京五城察院职掌志·明南京车驾司职掌

〔明〕刘安 纂；〔明〕施沛 撰；〔明〕祁承㸁 编

　　《南京工部职掌条例》卷一工部、营缮清吏司；卷二虞衡清吏司；卷三都水清吏司；卷四屯田清吏司；卷五营缮所、文思院、皮作局、宝源局、鞍辔局、颜料局、军器局、龙江提举司、清江提举司、龙江抽分竹木局、瓦屑坝抽分竹木局、大胜港抽分竹木局、各厂。对于工部四司职掌，又以科为纲进行汇纂。编纂者对各科人员设置、职掌范围、办事流程、条例演变分条汇总，并抄录了部分工部官员奏议与圣旨。更为清晰地反映了南京工部内机构设置、职能分工及与其他官署之协作方式。卷五则详载南京工部下辖各官营工厂坐落、规模、作头人数等。该书是研究明代南京工部制度及其沿革的重要史料。此外，书中涉及之各色毛皮、五金、胖袄等物料折价，修造船只物料价格，抽分局竹、木、芦柴类抽分额等，为明中期物价研究提供了参考。南京工部与上元、江宁二县铺户之关系，也反映了城市供役与铺户当行买办的情况。

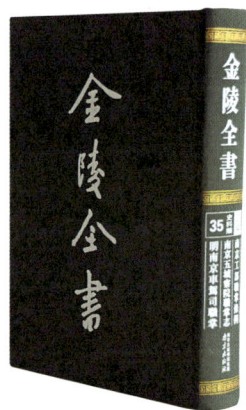

《南京五城察院职掌志》上卷为中城察院职掌、东城察院职掌，下卷为南城察院职掌、西城察院职掌、北城察院职掌。各城察院职掌下列内容基本相同，包括本城事宜、本城公署员役、钱粮、舆地、境内廨宇、城垣、山川、沟渎、津渡、桥梁、寺观、乡约等。该志是研究明代南京城市管理、城市地理、城市空间的珍贵史料，其内容之系统、翔实及丰富程度，皆超越地方志与笔记。尤为特殊的是五城之内山川、舆地、官署、卫所、桥梁、寺观、约所等皆以铺作为方位的辅助标志，如位于中城的"王阳明祠"下注"焦竑撰碑、恭字铺"。如此精确的城市空间信息，在其他类型的史料中是罕见的。

《明南京车驾司职掌》首列该司呈堂请示和堂批内容，表明纂补缘起。正文分三卷述南京兵部车驾司职掌。第一卷分为都吏科和递发科两部分，都吏科记载南京马、快船运送上贡北京物品及长江渡口摆渡船管理事宜；递发科主要内容为南京外出公差人员的勘合等给发之规定。第二卷分马政科、会同科、力士科三部分，分别涉及南京骑操马、驿站、南京力士选补及南京城（包括皇城）守卫方面的制度。第三卷草场科，记载有关南京卫所牧马草场出租银等方面奏准或堂（南京兵部）允事例。本书虽首列万历四十三年（1615）南京兵部车驾司呈堂（当指南京兵部堂上官）及堂批说明，但正文事例也包括天启乃至崇祯朝，说明万历四十三年之后该书又有他人增补。

◎ 版本信息：《南京工部职掌条例》系国家图书馆藏清抄本，5 卷；《南京五城察院职掌志》系南京图书馆藏翁氏《金陵丛书》本，2 卷；《明南京车驾司职掌》系民国二十三年（1934）商务印书馆本，3 卷。全 1 册，定价 1300 元，2016 年 5 月出版。ISBN 978-7-5533-1290-3

诸司职掌

〔明〕翟善等　编

　　《诸司职掌》十卷,按官署分十门,依次为吏部门、户部门、礼部门、兵部门、刑部门、工部门六部及都察院、通政司、大理寺、五军都督府,每门下设子目。该志在明代的《正德四年御制明会典序》《礼部志稿·纂志凡例》中即定位为王朝的"大法",被认为在法律层面相当于"格"与"式",实际上是《大明会典》的"则例",在实际运用过程中,官吏主要以"则例"的规定作为处罚依据。"则例"与"律例"互为表里,互为发明,体现了以"律例"为根本,以"则例"为基点,具有法规整体性、系统性和周延性的特点,从中可以体会明代政治制度所蕴含的深意和魅力。

◎ 版本信息:中国国家图书馆藏明刊本,10卷。全1册,定价1300元,2016年5月出版。
ISBN 978-7-5533-1291-0

皇明太学志

〔明〕王材、郭鎜　纂修

　　《皇明太学志》是一部全面记录明代南、北两京国子监兴办教育情况的志书。该书体例分编设类,类下按编年顺序叙述,每类各分上下两卷,总十二卷。"典制"记明代国子监的建置沿革、建筑布局、祭孔仪式、职官设置、生员录取方式等情况;"谟训"记敕谕、学规、官箴、策问等书面材料;"礼乐"记国子监内临幸、释奠、释莱、行香等礼制仪式;"政事"记国子监日常教学管理方面的安排和要求;"论议"记官员的上疏、奏议等言论材料;"人材"记永乐至正德间国子监臣中"名德"之士的生平事迹、监臣任职变化等情况。

◎ 版本信息:南京图书馆藏本,12卷。全2册,定价2600元,2016年4月出版。
ISBN 978-7-5533-1285-9

南雍志

〔明〕黄佐 撰

  《南雍志》是对南京国子监的教育事业进行全面总结的一部专著，志名"南雍"是为了区别于北京国子监。该志卷一至卷四为事纪；卷四至卷六为职官表；卷七、卷八为规制考；卷九、卷十为谟训考；卷十一、卷十二为礼仪考；卷十三、卷十四为音乐考；第十五卷、第十六卷为储养考；卷十七、卷十八为经籍考；卷十九至卷二十四为列传，其中卷十九、卷二十为九位杰出祭酒的传记，卷二十一为八位杰出司业的传记，卷二十二至卷二十四为四十位杰出博士、助教、学正、学录、典簿、典籍、掌馔的传记。

◎ 版本信息：南京图书馆藏民国二十年（1931）江苏省立国学图书馆影印本，24 卷。全 3 册，定价 3900 元，2016 年 5 月出版。ISBN 978-7-5533-1280-4

续南雍志

〔明〕黄儒炳　编辑，李孙宸　裁订

《续南雍志》是继《南雍志》后对明嘉靖至天启年间南京国子监的教育事业进行全面总结的一部专著。该志共十八卷，卷一为帝训纪，卷二至卷九为事纪，卷十、卷十一为职官表，卷十二上为规制考，卷十二下为典式考，卷十四分为造士考与养贤考两部分，卷十五为礼仪考，卷十六为音乐考，卷十七为经籍考，卷十八为列传摭言附。《南雍志》与《续南雍志》全面而系统地总结了明初至天启年间南京国子监的教育事业，研究明代教育史、出版史、藏书史者，在研读《南雍志》的同时，必然会关注《续南雍志》。研究南京的历史与文化者，也会重视这两部书。

◎ 版本信息：台北“中央图书馆”藏明天启六年（1626）刻本，18 卷。全 2 册，定价 2600 元，2016 年 5 月出版。ISBN 978-7-5533-1295-8

翰林记

〔明〕黄佐 撰

　　《翰林记》二十卷。本书专叙明代翰林掌故，每事各立标目，由于版本不同，所列目数也不同。《四库提要》称"凡二百二十六条"，汪鱼亭抄本卷首亦称"标目凡二百二十六条"，但依据该抄本所列标目，经统计实为二百六十五目，而《丛书集成》刊本则共列二百七十一目，今并列之。叙事始自洪武迄于正德嘉靖间。本末赅具，首尾融贯。其内容之要者，诸如官制因革，机构设置、职官品秩、职掌区分、选任途径、考核迁转、晋升降谪、俸银恩赐、经筵讲读、辅导东宫、修史典试、扈从充使、职官题名等等，均有详尽的考订与阐述。

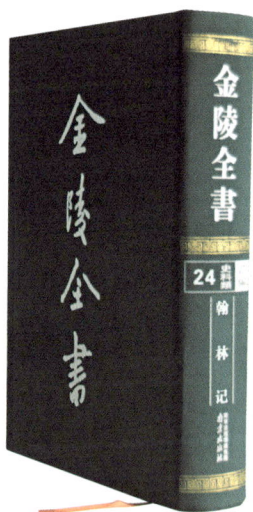

◎ 版本信息：南京图书馆藏清代浙江汪鱼亭"振绮堂"旧抄本，20 卷。全 1 册，定价 1300 元，2016 年 12 月出版。ISBN 978-7-5533-1620-8

旧京词林志

〔明〕周应宾　纂

　　《旧京词林志》汇集了自洪武至万历时南京翰林院的典章制度、人员构成及逸闻轶事。卷前有序文，后有九条凡例。全书六卷，分卷一、二纪事（上、下），卷三、四纪典（上、下），卷五、六纪官（上、下）。其中，"纪典（上）"分二十二小类，"纪典（下）"分十二小类，分别记载了院中的管理制度和人员工作的基本事项。"纪官（上）"分二十六小类，记述院中官员的职务级别及履历，"纪官（下）"收录了翰林院的年表及各类题名。该志所利用的文献，超过百分之七十是来自于"故牍"的第一手资料。《四库全书总目》编写时能引用《旧京词林志》的一些数据，大概就缘于它的材料比较真实可靠。其保留的大量南京翰林院的文献资料，对于考证历史起到了资鉴和补充的作用。

◎ 版本信息：南京图书馆藏本，6 卷。全 1 册，定价 1300 元，2017 年 7 月出版。
ISBN 978-7-5533-1963-6

孝陵诏敕·凤凰台记事·金陵世纪·冶城客论

〔明〕朱元璋 撰；〔明〕马生龙 著；〔明〕陈沂 撰；〔明〕陆采 撰

　　《孝陵诏敕》是一部明太祖朱元璋诏、敕文书选集，收录了洪武一朝四十五通诏敕。其中诏书四十二通，敕书三通。明太祖诏敕文书，大多文字通俗易懂，非常口语化，生动鲜活，富有个性，体现了出身贫苦的朱元璋不尚浮夸、厌恶虚文的特点。

　　《凤凰台记事》搜集洪武年间逸闻野史二十五条，涉及南京城池修建、山川地理、制度沿革，及太祖、高皇后轶事。这些记载保留了珍贵的民间传说与地方记忆，尽管真实度不高，但对明代南京地方社会与文化研究极有价值。

《金陵世纪》著述南京之历史沿革，并突出南京作为皇明都城的盛况。全书共四卷，分十八类，仿志书之分类体制，依次为都邑、城郭、宫阙、郊庙、官署、雍泮、衢市、第宅、楼宇、山川、驿路、津梁、台苑、陵墓、祠祀、寺观、杂遗、赋咏。叙述元明以前的胜迹史事，大量参考并直接引录有关史志和文学作品。叙述元明以后的胜迹史事，多出作者自撰，较少依傍，文献史料价值较高。

　　《冶城客论》主要记载当朝怪力乱神之事，琐闻异事、神鬼狐仙、因果报应是其重点，道听途说、谈异说怪、慕新好奇为其特色。这与其他志怪类作品并无本质差异。全书共八十五目，又续八目。该书文字优美，也非同一般俗文。

◎ 版本信息：《孝陵诏敕》系南京图书馆藏《原国立北平图书馆甲库善本丛书》影印本；《凤凰台记事》系 1985 年中华书局《丛书集成初编》本；《金陵世纪》系中国国家图书馆藏明隆庆三年（1569 年）刻本，并用日本内阁文库本校补，4 卷；《冶城客论》系民国南京征献楼刊《金陵秘籍》本。全 1 册，定价 1300 元，2017 年 7 月出版。ISBN 978-7-5533-2021-2

金陵古今图考·金陵十八景图·金陵八景图·金陵图咏·金陵八景图卷·金陵名胜图册

〔明〕陈沂 撰；〔明〕文伯仁 绘；〔明〕黄克晦 绘；〔明〕朱之蕃 著；
〔明〕郭存仁 绘；〔明末清初〕胡玉昆 绘

　　《金陵古今图考》，一卷，有图十六，每图后皆附以考释文字。该书较全面系统地介绍了南京的名胜古迹及历史文化内涵，为研究南京史志、地理、景观不可或缺的重要数据，有重要价值。对清代及民国南京地方史志的编撰产生较大影响，对今天南京的文化建设和发展旅游也具有积极的意义。

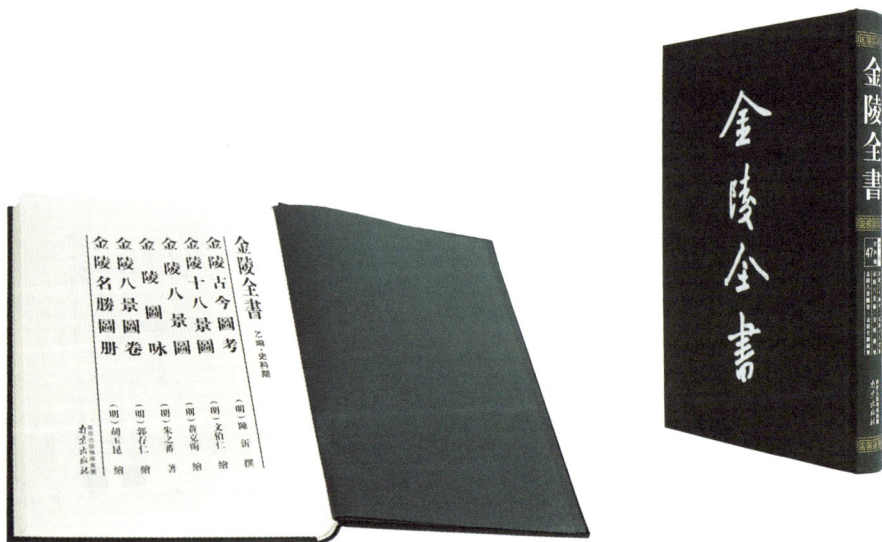

《金陵十八景图》，又名《金陵山水册》，纸本设色，十八开册页。图绘金陵的十八处胜境，包括三山、草堂、雨花台、牛首山、长干、白鹭洲、燕子矶、莫愁湖、摄山、新亭、石头城、太平堤、桃叶渡、白门、方山、新林，浓缩了金陵风光的精华所在。所绘画艺高超，内涵丰富，又迭经宫廷和名家庋藏，具有重要的艺术价值和收藏价值。同时，它还具有非同一般的历史文献价值，为今天的人们了解南京昔日的自然胜迹和人文景观，提供了鲜活的图画记忆。

　　《金陵八景图》，绢本设色，八开册页，现存六开。包括钟阜晴云、石城霁雪、凤台夜月、龙江烟雨、白鹭春潮、乌衣夕照、秦淮渔笛、天印樵歌等八景画面，可惜的是钟阜晴云、龙江烟雨两景册页现已散佚。这一金陵风景画册为南京保留了现存最早的景观资料，对今天南京的史志研究、旅游开发等都具有重要的意义和借鉴价值。

　　《金陵图咏》全书正文前半页是图，后半页是文字介绍。先“述其胜概”，紧接着是朱之蕃的诗咏，字迹清晰，每一景都有四字景名，整齐规范，看起来非常舒服。全书后半部分是明朝晚期另一位太史杜士全的和诗，每一景都与全书前半部分朱之蕃的诗咏相对应，一唱一和，格调高雅，相得益彰。此书为后来的金陵四十景、金陵四十八景打下了基础，起了承上启下、承前启后的作用。

《金陵八景图卷》，纸本，设色，长卷，八幅。每幅绘一景，共绘八景，包括钟阜祥云、石城瑞雪、龙江夜雨、凤台秋月、白鹭晴波、乌衣夕照、秦淮渔笛、天印樵歌，所写皆为明代金陵实景。每幅均题写七律诗一首以配画，书体不一，有古文、篆、隶、楷、行、草等各体，并钤朱、白文印章十余方。诗书画印互映成趣，和谐统一。

《金陵名胜图册》又名《金陵胜景图》，纸本，黑白册页，每页绘金陵一胜景，配一首七律诗和一篇简略的图记。依次题有钟山、石城、某花坞、芙蓉山、祖堂、莫愁湖、方山、凤台、燕矶、摄山十个景名。每处胜景都显得空蒙迷离，意境幽远，诗文与书、画、印融为一体。蕴含着深沉的沧桑之感与兴亡之慨。

◎ 版本信息：《金陵古今图考》系南京图书馆藏明天启朱之蕃重刻本，1 卷；《金陵十八景图》系上海博物馆藏图；《金陵八景图》系江苏省美术馆藏图；《金陵图咏》系南京图书馆藏明天启朱之蕃重刻本；《金陵八景图卷》系南京博物院藏图；《金陵名胜图册》系民国九年（1920）十月上海神州国光社出版的亚士玻璃版精印本。全 1 册，定价 1300 元，2017 年 7 月出版。ISBN 978-7-5533-2022-9

金陵琐事·续金陵琐事·二续金陵琐事

〔明〕周晖 撰

　　《金陵琐事》是研究明朝历史的重要参考资料。笔记体，文字不拘，各自独立成篇，书中多亲历、亲见、亲闻的文字，不少还交代出处。内容涉及明朝朝野故实、典章制度、政坛逸事、文坛趣话等。内容浩瀚，林林总总，其中记明武宗南巡、海瑞事迹以及南京城池建设、寺庙僧人等条目，皆可补正史之阙。

　　《续金陵琐事》是《金陵琐事》的续作。关注诗赋文艺，记明代南京士人之诗集、诗话，有大量科举史料，且与南京的石刻相关条目甚多，于南京地方史研究尤有价值。此书既成，友人集资刊刻，又出力校订。书中载有参与校订的十四位友人姓名事迹，可谓附骥以传，留下了宝贵的资料。

《二续金陵琐事》是《金陵琐事》的再续。金陵人与金陵事依然是主要内容。特别是其中全文载入嘉靖进士、南京人陈凤所撰列叙南京名士事迹的《欣慕编》，以存乡邦文献，让人重见前贤的风采。

　　三书的核心内容是明初以来有关金陵的掌故，但涉及面相当广泛。皆以有关明代皇帝的条目开卷，体例一致，内容相近者往往合为一条，类别相近的条目集中编列，均是珍贵的南京地方文学文献，史料价值甚高。

◎ 版本信息：南京图书馆藏明万历三十八年（1610）刊本，并用万历三十九年补刻本校补，《金陵琐事》4 卷，《续金陵琐事》2 卷，《二续金陵琐事》2 卷。全 2 册，定价 2600 元，2017 年 7 月出版。ISBN 978-7-5533-2024-3

客座赘语

〔明〕顾起元　撰

　　《客座赘语》是研究明代南京情况的重要资料。全书十卷，笔记体，分列四百多个小标题，有的小标题下又有若干则，共有六百多则。主要数据源于客之常在座者争语往迹近闻之实录，加之亲身经历之回忆、地方史志之采录和一些学术探寻。其内容"皆南京故实及诸杂事"，涉猎极广，涵括天文地理、政治经济、文化教育、人物风情、风土习俗等，宛如明代南京地区文字版"清明上河图"，不少内容可补正史和志乘之阙，为明代笔记上乘之作。

◎ 版本信息：南京图书馆藏明万历四十六年（1618）自刻本，10卷。全1册，定价1300元，2017年7月出版。ISBN 978-7-5533-2026-7

金陵古金石考目·金陵按疏·留都见闻录

〔明〕顾起元 撰；〔明〕贾毓祥 撰；〔明〕吴应箕 撰

　　《金陵古金石考目》或作《金陵古金石考》，一卷，卷前有作者自序。是书汇辑明万历四十八年（1620）之前金陵历史上所有金石文献，以年代顺序排纂，共著录金石碑五百多座（块）。碑文内容丰富，种类广泛，为明代南京唯一的金石目录学专著，也是南京有史以来第二部金石目录著述（元代有张铉《金陵碑碣新志》），因而显得弥足珍贵。

　　《金陵按疏》为贾毓祥出巡南直隶期间所写的奏疏，是一部书名中冠有"金陵"的奏议类的著作。辑录了作者从天启四年（1624）九月二十一日至天启六年正月十八日的题本共四十八道奏章。主要反映南直隶地方官员任职情况、奏报辖区内的灾情、平反错案、为民请命、

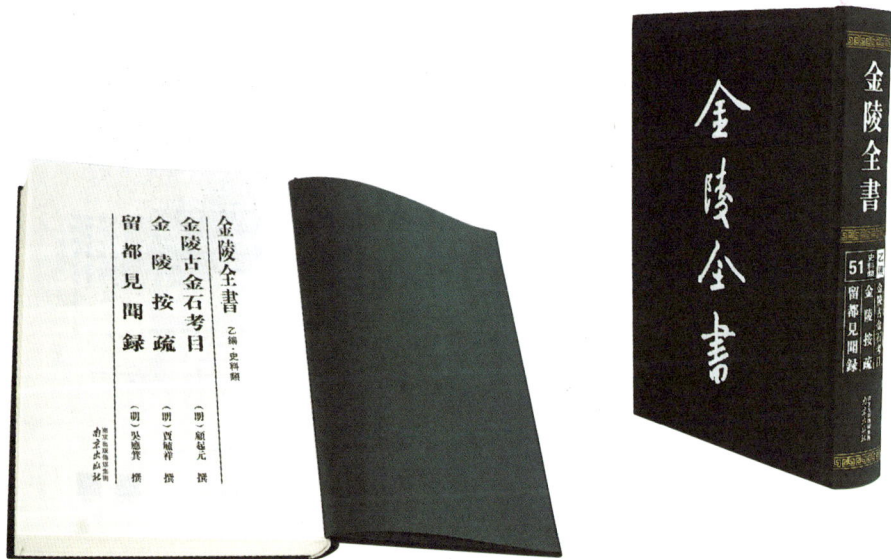

表扬节孝等，还涉及了明末一些重大政治、经济事件。对于研究明朝南北两京的机制、明朝中央集权下的巡按制度、南京在明朝的历史地位、明晚期南京及周边地区的吏治状况等等，裨益多多。

《留都见闻录》是记叙明末南中（今南京）诸事的杂记，原稿十三目，写成于明崇祯壬午癸未（1642—1643）间。随后吴应箕即回乡组织义军抗清，不久遇害，故生前应未刊出，稿本散佚于乱中。清康熙十九年（1680），由吴应箕子吴孟坚刊刻上卷山川、园亭、科举三事；雍正八年（1730），由吴孟坚之子吴铭道在已刊三事外手录自河房以下六事为下卷；同治三年（1864），由当涂夏燮刊印成书。

◎ 版本信息：《金陵古金石考目》系南京图书馆藏民国合众图书馆《咫园丛书》印行本，1卷；《金陵按疏》系南京图书馆藏《原国立北平图书馆甲库善本丛书》影印本；《留都见闻录》系南京图书馆藏郭外山钞本。全1册，定价1300元，2017年7月出版。
ISBN 978-7-5533-2023-6

明代南京科举录

〔明〕汪广洋，李敏等　编纂

　　科举录是明代在南京举行的殿试、会试、乡试三级考试相对应的殿试登科录、会试录、乡试录的汇总，内容包括相关奏疏、皇帝圣旨及执事官的职名，系列活动日程，考试题目，中式人员名单、中式程文等。所收录的殿试登科录与会试录，集中在洪武、建文、永乐三朝；乡试录为自明成祖朱棣迁都后的应天府乡试文献，从景泰元年（1450）至万历十年（1582）。这些科举录分别藏于宁波天一阁博物馆、南京图书馆、上海图书馆、国家图书馆、常熟图书馆。《明代南京科举录》是关于明代科举的最原始、最基本的史料，对于科举史研究和明史研究具有重要的史料价值。

◎ 版本信息：《明代南京科举录》收录有《洪武四年进士登科录》系天一阁藏明洪武刻本，1卷；《洪武四年会试录》系天一阁藏明洪武刻本，1卷；《建文元年京闱小录》系南京图书馆藏清抄本，1卷；《建文二年殿试登科录》系南京图书馆藏《原国立北平图书馆甲库善本丛书》影印本，1卷；《建文二年会试录》系南京图书馆藏《原国立北平图书馆甲库善本丛书》影印本，1卷；《永乐九年进士登科录》系上海图书馆藏明永乐刻本，1卷；《永乐十三年会试录》系上海图书馆藏明嘉靖十一年（1538）刻本，1卷；《景泰元年应天府乡试录》系天一阁藏明景泰刊本，1卷；《天顺六年应天府乡试录》系天一阁藏明天顺刊本，1卷；《成化四年应天府乡试录》系天一阁藏明成化刊本，1卷；《成化七年应天府乡试录》系天一阁藏明成化刊本，1卷；《成化十年应天府乡试录》系天一阁藏明成化刊本，1卷；《成化十三年应天府乡试录》系天一阁藏明成化刊本，1卷；《成化十六年应天府乡试录》系天一阁藏明成化刊本，1卷；《弘治五年应天府乡试录》系南京图书馆藏《原国立北平图书馆甲库善本丛书》影印本，1卷；《正德二年应天府乡试录》系天一阁藏明正德刊本，1卷；《正德五年应天府乡试录》系天一阁藏明正德刊本，1卷；《正德八年应天府乡试录》系天一阁藏明正德刊本，1卷；《正德十一年应天府乡试录》系天一阁藏明正德刊本，1卷；《正德十四年应天府乡试录》系天一阁藏明正德刊本，1卷；《嘉靖七年应天府乡试录》系天一阁藏明嘉靖刊本，1卷；《嘉靖十年应天府乡试录》系常熟图书馆藏明嘉靖刊本，1卷；《嘉靖十三年应天府乡试录》系天一阁藏明嘉靖刊本，1卷；《嘉靖十六年应天府乡试录》系天一阁藏明嘉靖刊本，1卷；《嘉靖二十二年应天府乡试录》系天一阁藏明嘉靖刊本，1卷；《嘉靖二十五年应天府乡试录》系天一阁藏明嘉靖刊本，1卷；《嘉靖二十八年应天府乡试录》系天一阁藏明嘉靖刊本，1卷；《嘉靖三十一年应天府乡试录》系天一阁藏明嘉靖刊本，1卷；《嘉靖三十四年应天府乡试录》系中国国家图书馆藏明嘉靖刊本，1卷；《嘉靖三十七年应天府乡试录》系天一阁藏明嘉靖刊本，1卷；《嘉靖四十三年应天府乡试录》系天一阁藏明嘉靖刊本，1卷；《隆庆元年应天府乡试录》系天一阁藏明隆庆刊本，1卷；《隆庆四年应天府乡试录》系天一阁藏明隆庆刊本，1卷；《万历元年应天府乡试录》系天一阁藏明万历刊本，1卷；《万历四年应天府乡试录》系天一阁藏明万历刊本，1卷；《万历七年应天府乡试录》系天一阁藏明万历刊本，1卷；《万历十年应天府乡试录》系天一阁藏明万历刻蓝印本，1卷；《万历十年应天府武举乡试录》系天一阁藏明万历刻蓝印本，1卷。全10册，定价10000元，2019年12月出版。ISBN 978-7-5533-2723-5

丙编·档案类

金陵全书

南京市政公报及索引

《金陵全书》丙编·档案类·南京市政公报及索引共有2种47册（总定价43600元），是研究民国首都南京市政的重要档案史料。

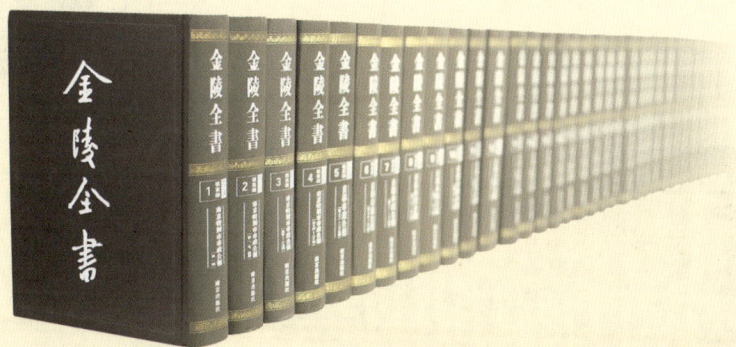

南京市政公报

〔民国〕南京特别市政府等　编印

　　民国时期的南京市政公报近四百期，其主要内容有插图、贺词、国民政府及南京市政府主要领导人演讲稿、历任市长在总理诞辰日和纪念周上的演讲稿、言论、宣言、通电、例规、命令、呈文、咨文、公函、布告、批示、聘书、市政消息、报告、会议记录、纪事、外交、附载、附录、特载、大事记等。着重记载了1927年到1949年间，南京在财政、税收、物价、慈善、教育、卫生、市政规划、市政建设、公共交通、娱乐场所、公园及风景名胜地、社会治安等方面的施政情况和各方面的法规、规章等。

1927 年 4 月 18 日南京市政府成立以后，开始编辑《南京特别市市政府公报》，第一号于 6 月出版。同年 8 月 30 日，南京特别市政府重新编辑，9 月出版第一期更名为《南京特别市市政公报》。从 1928 年 10 月 15 日第二十一期起，《南京特别市市政公报》改名为《首都市政公报》。1931 年 9 月 15 日从第九十一期起，又更名为《南京市政府公报》。到 1937 年 6 月，共出版一百七十八期。

　　南京沦陷期间，1938 年 4 月 24 日，伪督办南京市政公署成立。1938 年 6 月 15 日，出版《市政公报》第一期。1939 年 3 月 2 日，督办南京市政公署改为南京特别市政府，《市政公报》更名为《南京特别市市政公报》。到 1945 年 8 月抗战胜利，共出版一百六十二期。

　　抗战胜利后，1946 年 5 月 1 日，战后第一卷第一期《南京市政府公报》出版，由马超俊题写刊名，增加了大事记。至 1949 年国民党退出南京前，共出版五十八期。

　　民国时期的南京市政公报对研究民国首都南京市政府的施政理念、施政思想、施政实践，以及南京的行政区划、行政机构、城市建设和管理、财政经济等都有着重要的参考价值。

◎ 版本信息：南京市档案馆藏民国版本。全 45 册，总定价 41000 元，2010 年 8 月至 2012 年 12 月出版。

档案类

南京市政公报

编目序号	书名	收录时间	定价	出版时间	书号
1	南京特别市市政（府）公报（第1号、补编、第1期）	1927年4月至1927年9月	800元	2010年8月	ISBN 978-7-80718-607-6
2	南京特别市市政公报（第2—4期）	1927年10月至1927年11月	800元	2010年8月	ISBN 978-7-80718-606-9
3	南京特别市市政公报（第5—13期）	1927年11月至1928年4月	800元	2010年11月	ISBN 978-7-80718-655-7
4	南京特别市市政公报（第14—20期）	1928年6月至1928年9月	800元	2011年1月	ISBN 978-7-80718-668-7
5	首都市政公报（第21—25期）	1928年10月至1928年12月	800元	2011年1月	ISBN 978-7-80718-674-8
6	首都市政公报（第26—30期）	1928年12月至1929年2月	800元	2011年4月	ISBN 978-7-80718-700-4
7	首都市政公报（第31—34期）	1929年3月至1929年4月	800元	2011年4月	ISBN 978-7-80718-701-1
8	首都市政公报（第35—39期）	1929年5月至1929年7月	800元	2011年4月	ISBN 978-7-80718-702-8

编目序号	书名	收录时间	定价	出版时间	书号
9	首都市政公报（第40—43期）	1929年7月至1929年9月	800元	2011年4月	ISBN 978-7-80718-704-2
10	首都市政公报（第44—47期）	1929年9月至1929年11月	800元	2011年4月	ISBN 978-7-80718-705-9
11	首都市政公报（第48—53期）	1929年11月至1930年2月	800元	2011年4月	ISBN 978-7-80718-706-6
12	首都市政公报（第54—60期）	1930年2月至1930年5月	800元	2011年4月	ISBN 978-7-80718-707-3
13	首都市政公报（第61—65期）	1930年6月至1930年8月	800元	2011年9月	ISBN 978-7-80718-780-6
14	首都市政公报（第66—72期）	1930年8月至1930年11月	800元	2011年9月	ISBN 978-7-80718-778-3
15	首都市政公报（第73—77期）	1930年12月至1931年2月	800元	2011年10月	ISBN 978-7-80718-777-6
16	首都市政公报（第78—83期）	1931年2月至1931年5月	800元	2011年10月	ISBN 978-7-80718-776-9
17	首都市政公报（第84—90期）	1931年5月至1931年8月	800元	2012年1月	ISBN 978-7-80718-775-2
18	南京市政府公报（第91—96期）	1931年9月至1931年11月	800元	2011年10月	ISBN 978-7-80718-774-5
19	南京市政府公报（第97—102期）	1931年12月至1932年2月	800元	2011年10月	ISBN 978-7-80718-779-0

编目序号	书名	收录时间	定价	出版时间	书号
20	南京市政府公报（第103—109期）	1932年3月至1932年6月	800元	2011年10月	ISBN 978-7-80718-781-3
21	南京市政府公报（第110—116期）	1932年6月至1932年9月	1000元	2012年3月	ISBN 978-7-80718-893-3
22	南京市政府公报（第117—123期）	1932年10月至1933年1月	1000元	2012年3月	ISBN 978-7-80718-892-6
23	南京市政府公报（第124—129期）	1933年1月至1933年5月	1000元	2012年3月	ISBN 978-7-80718-896-4
24	南京市政府公报（第130—135期）	1933年6月至1933年11月	1000元	2012年3月	ISBN 978-7-80718-891-9
25	南京市政府公报（第136—142期）	1933年12月至1934年6月	1000元	2012年3月	ISBN 978-7-80718-890-2
26	南京市政府公报（第143—148期）	1934年7月至1934年12月	1000元	2012年3月	ISBN 978-7-80718-889-6
27	南京市政府公报（第149—153期）	1935年1月至1935年5月	1000元	2012年3月	ISBN 978-7-80718-888-9
28	南京市政府公报（第154—157期）	1935年6月至1935年9月	1000元	2012年3月	ISBN 978-7-80718-901-5
29	南京市政府公报（第158—159期）	1935年10月至1935年11月	1000元	2012年3月	ISBN 978-7-80718-900-8
30	南京市政府公报（第160—161期）	1935年12月至1936年1月	1000元	2012年3月	ISBN 978-7-80718-899-5

编目序号	书名	收录时间	定价	出版时间	书号
31	南京市政府公报 （第162—163期）	1936年2月 至 1936年3月	1000元	2012年 10月	ISBN 978-7-5533-0086-3
32	南京市政府公报 （第164—165期）	1936年4月 至 1936年5月	1000元	2012年 10月	ISBN 978-7-5533-0085-6
33	南京市政府公报 （第166—167期）	1936年6月 至 1936年7月	1000元	2012年 10月	ISBN 978-7-5533-0084-9
34	南京市政府公报 （第168—170期）	1936年8月 至 1936年10月	1000元	2012年 10月	ISBN 978-7-5533-0083-2
35	南京市政府公报 （第171—174期）	1936年11月 至 1937年2月	1000元	2012年 10月	ISBN 978-7-5533-0082-5
36	南京市政府公报 （第175—178期）	1937年3月 至 1937年6月	1000元	2012年 12月	ISBN 978-7-5533-0113-6
37	市政公报 （第1—20期）	1938年6月 至 1939年3月	1000元	2012年 12月	ISBN 978-7-5533-0112-9
38	市政公报 （第21—35期）	1939年4月 至 1939年11月	1000元	2012年 12月	ISBN 978-7-5533-0111-2
39	市政公报 （第36—55期）	1939年11月 至 1940年9月	1000元	2012年 12月	ISBN 978-7-5533-0110-5
40	市政公报 （第56—73期）	1940年9月 至 1941年6月	1000元	2012年 12月	ISBN 978-7-5533-0109-9
41	市政公报 （第74—104期）	1941年6月 至 1942年9月	1000元	2012年 12月	ISBN 978-7-5533-0108-2

编目序号	书名	收录时间	定价	出版时间	书号
42	市政公报（第105—130期）	1942年10月至1943年10月	1000元	2012年12月	ISBN 978-7-5533-0120-4
43	市政公报（第131—162期）	1943年11月至1945年2月	1000元	2012年12月	ISBN 978-7-5533-0116-7
44	南京市政府公报（第1卷第1期—第3卷第2期）	1946年5月至1947年7月	1000元	2012年12月	ISBN 978-7-5533-0117-4
45	南京市政府公报（第3卷第3期—第5卷第10期）	1947年8月至1948年11月	1000元	2012年12月	ISBN 978-7-5533-0118-1

《（民国）南京市政公报》索引

任冬莉、夏彪、夏蓓、刘建忠　编

　　该书为《（民国）南京市政公报》的索引，分上下两册。按原书的栏目将条目一一分类，内容涉及重要会议、公文官员任免、财政、道路建设、市政管理等各个方面。本着科学、简便、实用、完整的原则，努力使专家学者和广大读者通过查阅索引，既能尽快通览全貌，又能迅速、准确地查找自己所需的信息和内容。是研究民国南京政治、经济、文化、外交等方面的一部工具书。

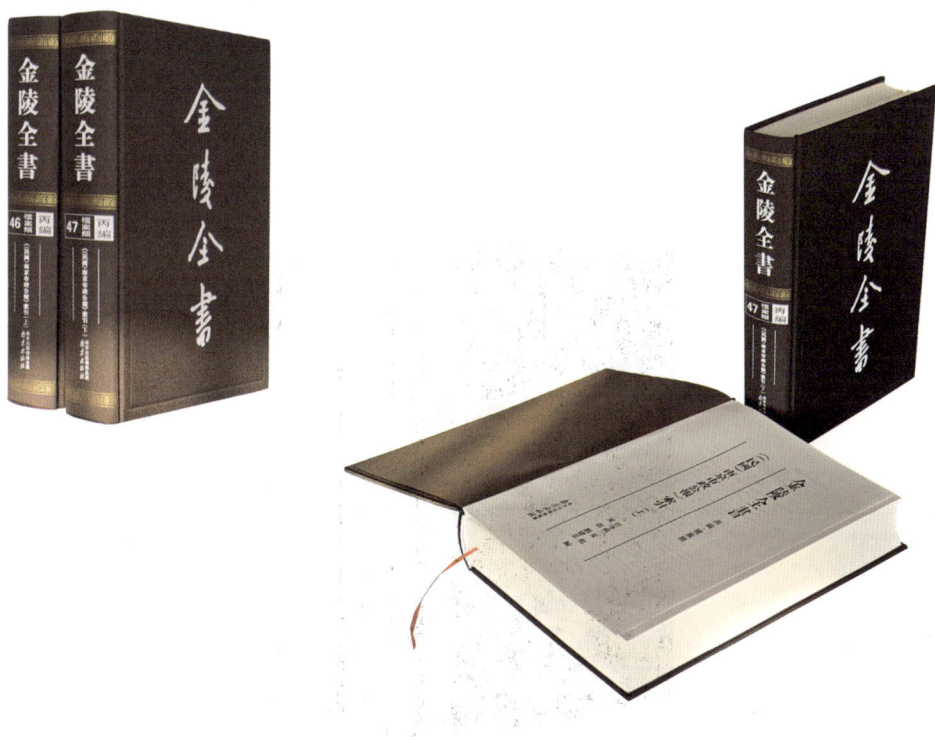

◎ 版本信息：全 2 册，定价 2600 元，2015 年 9 月出版。ISBN 978-7-5533-0829-6

南京调查资料与南京概况

《金陵全书》丙编·档案类·南京调查资料与南京概况共有 2 种 7 册（总定价 4200 元），是研究民国南京的重要档案史料。

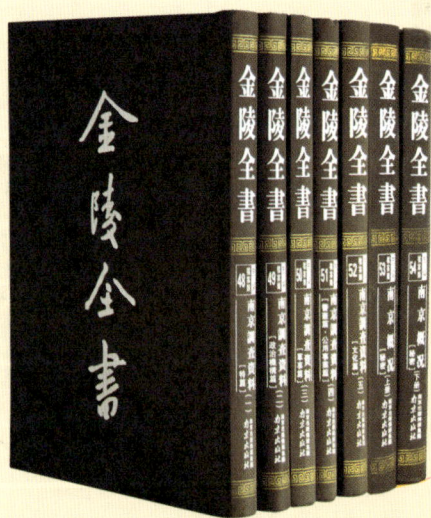

南京调查资料

〔民国〕江南问题研究会　编印

　　《南京调查资料》分为"特篇""政治机构篇""军事篇""警宪篇""公用事业篇""文化篇"（"文教篇"）六大篇，共计二十二册。

　　《南京调查资料》除了当年作为情报资料的使用价值外，留存到今天，已经成为了解、研究民国南京政治、经济、军事、文化、科技、外交等最完整、最系统、最翔实的资料。

　　由于《南京调查资料》是中国共产党人组织编写的关于"敌方"的情报资料，因此，它不可避免地烙上了那个时代深深的印记，例如，

书中的措辞具有鲜明的时代特征和阶级特征，从书名到目录再到正文，"反动政党""蒋匪""伪"等带有贬损性的词语屡见不鲜，而对于"国立""公立"等字眼往往加上双引号以否定其合法性。今天读来，不仅没有削弱这套资料的价值，反而使我们深切感受到了中国共产党和中国国民党在新旧两个政权交替前的殊死较量。

◎ 版本信息：南京市档案馆藏 1949 年 3 月铅印本。全 5 册，总定价 3000 元，2014 年 2 月出版。ISBN 978-7-5533-0377-2；ISBN 978-7-5533-0378-9；ISBN 978-7-5533-0379-6；ISBN 978-7-5533-0380-2；ISBN 978-7-5533-0381-9

南京概况

〔民国〕书报简讯社　编印

　　《南京概况》原书分为上下两册。上册第一至第五部分，分别是"概论""土地、人口""伪政治机构""军、警、宪等伪军事机构""反动政党各机构"；下册第六至第十四部分，分别是"官营事业及公产""逆产""公用事业""重要工商业""党派社团""文化事业""社会事业""外侨"和"其他"。

　　《南京概况》为中国人民解放军掌握国民党政府机构、财产、人员情况提供了切实的依据，发挥了无可替代的作用；同时为中国共产党人接管文化、外交等方面都具有特别重要的意义。是研究民国南京政治、经济、军事、文化、外交的宝贵资料。

◎ 版本信息：南京市档案馆藏 1949 年 3 月铅印本。全 2 册，定价 1200 元，2014 年 4 月出版。ISBN 978-7-5533-0497；ISBN 978-7-5533-0496-0

中山陵档案

《金陵全书》丙编·档案类·中山陵档案已出 12 种 15 册（总定价 15000 元），是研究中山陵的重要档案史料。

中山陵档案·葬事筹备

《中山陵档案》编委会 编

　　选取了 1925 年孙中山逝世到 1929 年最后安葬、主管孙中山丧葬事宜、负责中山陵修建的主要机构——孙中山先生葬事筹备处的相关档案。主要包括孙中山先生葬事筹备处办事简则草案、组织系统表等组织机构原始档案；中山陵墓奠基礼筹备、举行及冲突的档案；葬事筹备处、内务部、江苏实业厅、江苏省立第一造林场、义农会南京分会、江宁县政府、灵谷寺管理方等围绕圈地的多封往来信函；葬事筹备处1926 年至 1928 年部分月份的工作报告、第一次至第六十九次原始会议记录及第二十五次至第三十次常务会议原始记录。

◎ 版本信息：南京市档案馆、中山陵园管理局藏。全 1 册，定价 1000 元，2016 年 9 月出版。ISBN 978-7-5533-1460-0

中山陵档案·陵墓及纪念工程

《中山陵档案》编委会　编

分陵墓工程、道路工程和纪念工程三个部分。陵墓工程部分重点收录了孙中山先生葬事筹备委员会与吕彦直建筑师订立合同、三部工程合同、工程说明书、工程标价函、雕刻孙中山卧像合同、华表合同、辅助工程合同等原始中英文档案，以及为不得阻碍和加速陵墓工程而与各方交涉的函件、报告等。道路工程部分重点收录了孙中山先生葬事筹备委员会与各承包商订立的陵园大道、环陵路、明陵路、灵谷寺路等合同及加价单，以及1948年国父陵园管理委员会新订的陵园内道路简图及名称表等原始档案。纪念工程部分重点收录了陵园历年建设概况及修建各纪念建筑的工程合同、工程说明书、工程开价单、工程保单、工程预算、中标决定、付款通知、验收报告等档案文件。

◎ 版本信息：南京市档案馆、中山陵园管理局藏。全1册，定价1000元，2016年9月出版。
ISBN 978-7-5533-1461-7

中山陵档案·陵园管理

《中山陵档案》编委会　编

分组织机构、法规、警卫、财政等方面的管理事项。共收录了 1929 年 7 月 2 日至 1946 年 5 月 10 日总理陵园管理委员会召开的第一至第五十次委员会议、第一至第十八次常务委员会议等会议记录，1946 年 7 月 15 日至 1948 年 11 月 13 日国父陵园管理委员会第一至第四次委员会议记录、第一至第十七次常务委员会议记录。诸如相关机构人员的委派，经费预算收支，赠赙款项用途，第三部工程及陵园相关道路的建设，核准陵园内各种纪念建筑设计施工，收用灵谷寺地产，征用陵园附近土地，修建航空烈士公墓、廖仲恺墓、范鸿仙墓及中央体育场、天文台、学校等文体设施，陵园管理的重大事项，陵园及陵园新村恢复计划、修复陵园纪念建筑物募捐、保护森林、开通陵园游览车等事项，都在会议上加以讨论并付诸实施。

◎ 版本信息: 南京市档案馆、中山陵园管理局藏。全 2 册, 定价 2000 元, 2016 年 9 月出版。
ISBN 978-7-5533-1485-3; ISBN 978-7-5533-1486-0

中山陵档案·陵墓建筑

《中山陵档案》编委会　编

　　中山陵建筑档案由设计底图、蓝图、合同签字图及验收签字图等构成。按陵墓建筑的总体布局和组成部分，沿中轴线次序及先建筑后附属的原则分为牌楼、陵门、碑亭、陵墓及祭堂、祭堂内石像像座及围栏、台阶、平台、甬道、管线、绿化、祭堂前华表、琉璃瓦件图样、铜鼎、石凳、公告屏等十部分。各部分别归集了相关的建筑、结构等图纸。对于一些没有标注设计单位的图纸，如祭堂前石凳图等，以及总理奉安纪念物品陈列柜图样、移动售品所图等非建筑方面的图纸，均视作陵墓建筑整体的一部分，悉数收录。

◎ 版本信息：南京市城市建设档案馆藏。全 1 册，定价 1000 元，2016 年 9 月出版。ISBN 978-7-5533-1516-4

中山陵档案·园林事业

《中山陵档案》编委会　编

　　包含总理纪念植物园和园林建设两部分，让人们全面了解中山陵园园林事业发展的全过程。其中总理纪念植物园收录有筹建文书，管理中央庚款委员会与总理陵园管理委员会为资助植物园经费往来函件，总理陵园管理委员会为植物园苗木、植物研究与国内外科研机构英文往来函，馥记营造厂、基泰工程司等承揽植物园工程合同、说明书、报价单等，战后植物园恢复建设工作计划、维修工程合同等。园林建设收录有战前总理陵园管理委员会十年来园林成绩简述、园林工作报告等；战后陵园园林事业恢复工作计划、造林报告等。

◎ 版本信息：南京市档案馆藏。全 1 册，定价 1000 元，2017 年 11 月出版。
ISBN 978-7-5533-2009-0

中山陵档案·民国墓葬

《中山陵档案》编委会　编

　　选取国民革命军阵亡将士公墓、航空烈士公墓、廖仲恺墓、谭延闿墓、范鸿仙墓等五处代表性的民国墓葬，全面反映了各墓筹建过程、落成典礼、管理经费、祭扫等，内容翔实。其中，国民革命军阵亡将士公墓收录有筹备委员会会议记录、各项工程合同、公墓落成典礼往来函件、各地赠予公墓纪念物往来函、公墓管理、战后公祭等文件；航空烈士公墓收录有国民政府军政部、航空署、中央执行委员会秘书处关于公墓选址与总理陵园管理委员会往来函件，公墓各部建筑设计图，公墓管理及员役名单等文件；廖仲恺墓收录有1926年何香凝关于廖仲恺国葬事提案、中央执行委员会为墓址与总理陵园管理委员会往来函件、植树布景等文件；谭延闿墓收录有谭墓概况、墓地全图、墓址、国葬典礼、逝世纪念等文件；范鸿仙墓收录有中央执行委员会、范鸿仙先烈葬事处、孙中山先生葬事筹备处为营葬费及墓址事宜的往来函件等文件。

◎ 版本信息：南京市档案馆藏。全1册，定价1000元，2017年11月出版。
ISBN 978-7-5533-2004-5

中山陵档案·官邸别墅

《中山陵档案》编委会　编

收录了中山陵周围最为著名的两处官邸别墅——小红山官邸与陵园新村的原始档案。小红山官邸收录了正屋建筑正面、侧面汉白玉分配式样图，采暖工程屋顶及上层、中层、下层平面设计图，彩画详图等各类设计图；正屋工程估价单、大理石合同、琉璃瓦合同、彩画工程合同、花园土方及护土墙工程合同等；新金记康号、南京市政府、南京市工务局关于官邸工程来往公函，建筑工程说明书，材料采办，正屋工程等施工档案。陵园新村部分收录了陵园新村公约、董事会组织机构图、领租户名清册、第一次常年大会选票及记录、建设工程概述、战后陵园新村兴复计划及前期准备等档案。

◎ 版本信息：南京市档案馆藏。全 1 册，定价 1000 元，2017 年 11 月出版。
ISBN 978-7-5533-2010-6

中山陵档案·文体设施

《中山陵档案》编委会　编

选取了天文台及地磁观测台、中山文化教育馆、国民革命军遗族学校、陵园小学、中央政治学校、中央国术馆体育专科学校、中央体育场、外交部郊球场等八处有代表性的文体设施，内容涵盖了设施建设、管理使用及对外交往等。各文体设施均位于中山陵园范围，建设用地需向总理陵园管理委员会租借，因此，每个文体设施档案里都包含了与总理陵园管理委员会订立的租约。源文件里还收录了紫金山天文台概况、地磁观测台建筑概况、中山文化教育馆概况、国民革命军遗族学校概况、陵园小学概况等。

◎ 版本信息：南京市档案馆藏。全 2 册，定价 2000 元，2017 年 11 月出版。
ISBN 978-7-5533-2011-3；ISBN 978-7-5533-2027-4

中山陵档案·附属建筑

《中山陵档案》编委会　编

　　中山陵园周边分布了百余处建筑，既烘托了中山陵的宏大与庄重之气，又自成一体，独具风格。本书按照附葬、纪念性建筑、文体设施、官邸、路桥水坝、地图的脉络，收录了陵园内绝大部分建筑，包括已毁的桂林石屋、陵园新村等。考虑到视觉美观性与表现的清晰度等因素，以设计底图为主，蓝图为辅，既辑录了设计图，也收录了施工说明等文字，同时也涵盖了包括业主、施工方、监理方等各方签章的签字验收蓝图，并进行了统筹梳理、纂名与注释，旨在向世人呈现从设计到施工并完成验收的全面系统的历史印记。

◎ 版本信息：南京市城市建设档案馆藏。全 1 册，定价 1000 元，2017 年 11 月出版。
ISBN 978-7-5533-2032-8

中山陵档案·哀思录

《中山陵档案》编委会　编

　　《哀思录》详细记录了孙中山坎坷的人生经历，内容主要包括了孙中山部分著作、北上纪事、养病情况、病逝经过、治丧情况及国内外各界吊唁情况。共三编，分为自传、记事、病症经过、治丧报告等。第一编由吴敬恒题签，共包括七卷，卷一为遗像；卷二包括遗嘱和遗墨；卷三为自传；卷四为由粤往津记事；卷五为病状经过；卷六为医生报告；卷七为治丧报告。第二编由张人杰题签，共四卷，卷一为海外各地追悼会摄影；卷二为吊唁函电，包括唁函、唁电、代电；卷三为祭文；卷四为海外各地追悼纪事。第三编由胡汉民题签，共四卷，卷一为海内各地追悼会摄影；卷二为悼歌，包括悼歌和悼曲；卷三为国内外挽联；卷四为海内各地追悼纪事。

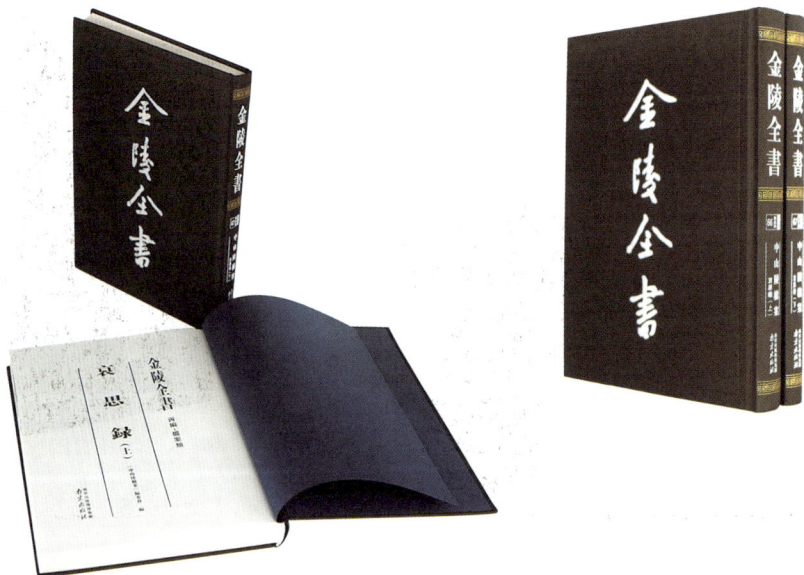

◎ 版本信息：中山陵园管理局藏。全 2 册，定价 2000 元，2018 年 11 月出版。
ISBN 978-7-5533-2395-4；ISBN 978-7-5533-2396-1

中山陵档案·总理奉安实录

《中山陵档案》编委会　编

　　详细记载了南京国民政府成立后，孙中山先生遗体由北平奉移南京安葬的整个过程。披露了奉安筹备、迎榇公祭、宣传、陵墓工程、奉安典礼、奉安账目等鲜为人知的史料，时间跨度为 1925 年 4 月至 1929 年 6 月 1 日。全书分照片、纪述、专载、附录四部分，尤为珍贵的是，书中刊载了一百余幅按时间顺序实地拍摄的奉安活动图片以及多幅中山陵设计图及陵园全景图。卷首冠以孙中山先生遗像、遗嘱及奉安哀词。纪述类包含陵墓工程、迎榇奉安的各种筹备工作、迎榇公祭、奉安以及国民党中央迎榇宣传列车在灵榇经过沿途各地广事宣传情况。专载类包括诔文、祭文、赗赠和参加奉安代表人名。附录类收录了孙中山先生葬事筹备委员会迎榇专员、奉安委员会、奉安专刊编纂委员会的简章、职员及迎榇奉安支出账目。

◎ 版本信息：中山陵园管理局藏。全 1 册，定价 1000 元，2018 年 11 月出版。
ISBN 978-7-5533-2398-5

金陵全书十周年总目提要（2009—2019）

中山陵档案·总理陵园管理委员会报告

《中山陵档案》编委会　编

　　报告主要记述了筹建中山陵园的历程以及陵园初期的发展历史，由总理陵园管理委员会于 1931 年 10 月作为文本印发。时间跨度从 1925 年 4 月至 1930 年初，内容涉及陵园的各方面事项，包括各项组织法规、会议记录、各项工程、园林、警卫、经费、统计、纪事、专载、赠赙等。其中重要的有：陵园各项工程，包括陵墓各部工程，均将合同图样说明书等全文刊列；历年来所经营的园林事业，均按步摘要叙录，并附列相关的统计品种等表格资料；经费报告，完全依据预算项目开列所有各项工程造价，详细记载各项合同，包括历年经收的纪念款项，在经费一类中列出收支总表，含有捐赠人姓氏、数量等；历年所办的重要工作，有的虽然早已完成，仍然专辟纪事一项单独记载，以存其实；陵园界内的相关机构，与陵园建设有关的，也分别专文以记之。

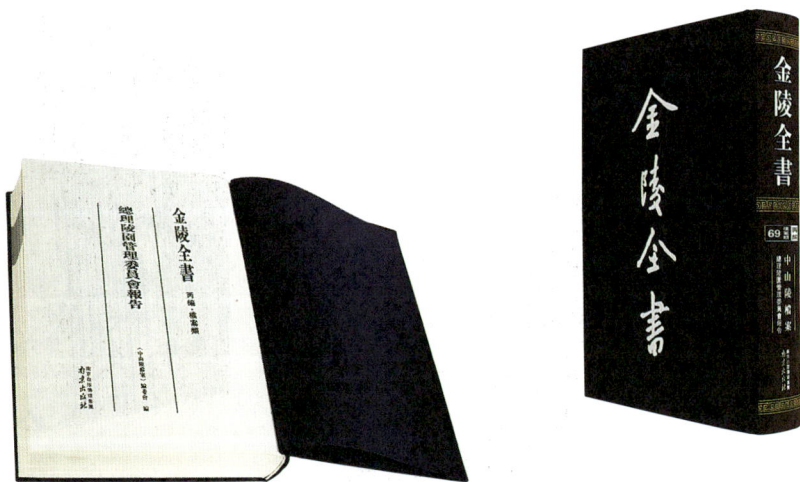

◎ 版本信息：南京图书馆藏。全 1 册，定价 1000 元，2018 年 11 月出版。
ISBN 978-7-5533-2397-8

江南水泥厂档案

《金陵全书》丙编·档案类·江南水泥厂档案已出3种5册（总定价5000元），是研究江南水泥厂的重要档案史料。

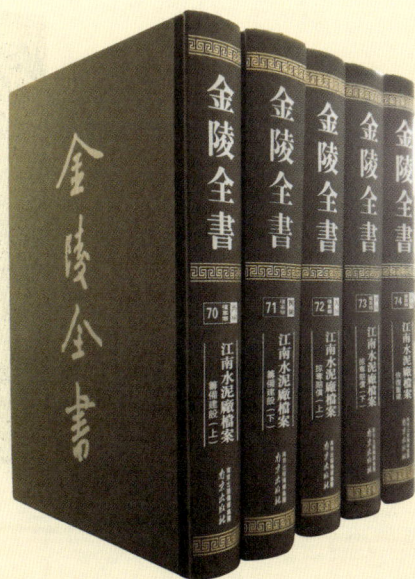

江南水泥厂档案·筹备建设

南京市档案馆　编

坐落在南京栖霞山东麓的江南水泥厂，其前身为江南水泥有限公司公司，是我国近现代民族工业艰难发展众相中的一帧缩影。江南水泥股份有限公司于 1935 年 7 月开始动工兴建工厂，至 1937 年 7 月抗日战争全面爆发前，工厂的设备安装、生活设施等全部竣工，线路也接通供电，正式开工的各项准备工作基本就绪。

筹备建设档案主要包括启新洋灰公司选址的调查报告，江南水泥股份有限公司章程草案及计划书，江南水泥股份有限公司招股简章及筹备处简章，江南水泥股份有限公司准予备案、验资的呈文及批复，募集公司债票和金融机构的来往函件等。

◎ 版本信息：南京市档案馆藏。全 2 册，定价 2000 元，2019 年 12 月出版。

ISBN 978-7-5533-2416-6；ISBN 978-7-5533-2417-3

江南水泥厂档案·掠夺赔偿

南京市档案馆　编

　　江南水泥厂在被日军占领期间，坚持不开工，没有为日军生产一吨水泥。随着战争的深入，日军急需大量铝来制造飞机，于是准备将江南水泥厂的机电设备拆迁到山东，以制造金属铝。1943 年 12 月 23 日，日军和日本机工进入江南水泥厂，开始拆卸机器，工厂的主要机器及其附件被洗劫一空，江南水泥厂至此被全部破坏。

　　掠夺赔偿档案主要包括江南水泥股份有限公司常务董事会与栖霞工厂（江南水泥厂）上海办事处关于工厂财务支出的来往函件，江南水泥股份有限公司股东座谈会、临时股东大会反对拆迁机器的纪录，日军、汪伪实业部拆卸江南水泥厂机器设备的训令、通知，制造水泥机件被日方外交官强迫拆迁至山东张店节略、大事记、经过等。

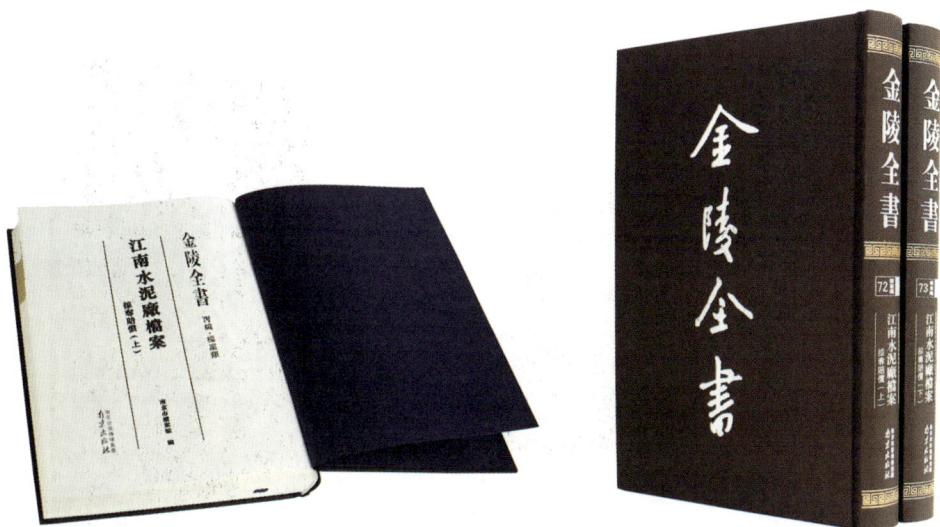

◎ 版本信息：南京市档案馆藏。全 2 册，定价 2000 元，2019 年 12 月出版。
ISBN 978-7-5533-2418-0；ISBN 978-7-5533-2419-7

江南水泥厂档案·恢复重建

南京市档案馆　编

　　抗日战争胜利后，面对满目疮痍的工厂和越发拮据的经济状况，江南水泥厂的复兴计划举步维艰。江南水泥厂三次增资募集资金，购买设备，重建工厂。1948年5月，所订机器设备全部从美国海运到厂，全厂工程技术人员日夜安装，全力以赴投入到恢复生产中。

　　恢复重建档案选用江南水泥股份有限公司为请发还被日本强拆运至张店的机器致鲁豫晋区特派员驻江苏省办事处、经济部战时生产局苏浙皖区特派员办公处等的呈文，江南水泥厂机器被劫及日本投降后增资重购新机要略、联合国善后救济总署及中国善后救济总署苏宁分署派人来厂视察等情况、江南水泥股份有限公司董事部为增资事务与启新洋灰有限公司董事部的往来信函。

◎ 版本信息：南京市档案馆藏。全1册，定价1000元，2019年12月出版。
ISBN 978-7-5533-2420-3

南京近代教育档案

《金陵全书》丙编·档案类·南京近代教育档案已出 4 种 5 册（总定价 5000 元），是研究南京近代教育的重要档案史料。

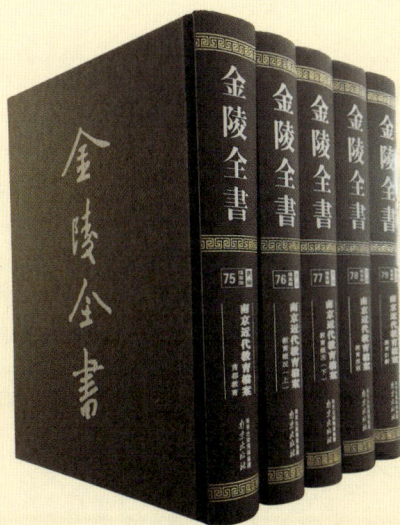

南京近代教育档案·首都教育

南京市档案馆　编

　　《首都教育》是民国时期一份重要的教育类期刊。本书完整收录了包括创刊号在内的第一卷第一至十二期，时间跨度从 1946 年 12 月 25 日至 1947 年 6 月 15 日，栏目基本固定为特载、论述、公布专栏、专载等。内容涉及著名人士对教育的评论，相关部门对于教育的方针政策、规章制度等，还有一些习题和讲义。第二卷第一至十期，时间跨度从 1947 年 7 月 16 日至 1948 年 4 月 16 日，栏目间有特载、研究、京市文教通讯、教育局公布栏、论著、教学材料、实施报告、新书介绍、教师园地等。还配有各个学校教学设施和教学活动的照片。除与第一卷相似的题材外，还组织有南京市教育局成立一周年纪念特辑、卫生教育专号、自制教具专号、中等学校各科教学专号、中小学训育专号、小学各科演示教学专号等，形式多样，内容丰富。

◎ 版本信息：南京市档案馆藏。全 1 册，定价 1000 元，2019 年 12 月出版。
ISBN 978-7-5533-2708-2

南京近代教育档案·教育概况

南京市档案馆　编

　　主要涉及初等教育、中等教育、高等教育、社会教育、健康教育、教育行政、教育经费等不同层面。具体包括了南京高等教育师范学校教育专修科第一级教学概况，分为史略、学程纲要、教职员履历表、学生履历附统计图表、毕业论文题等；国立东南大学农科之基础与计划，分为组织、教授、学生、事业范围、校外捐助、将来计划、结论等；国立东南大学农科六年间概况，分为插图、绪言、六年来之经过事实、本科组织及各系状况、农场概况、翌年新增事业计划、教职员履历表等，以及南京特别市教育局工作述要、南京市 1934 年度教育事业概况、1935 年度南京教育、南京市教育概览、南京市教育章则辑要等南京教育管理部门的工作报告。

◎ 版本信息：南京市档案馆藏。全 2 册，定价 2000 元，2019 年 12 月出版。
ISBN 978-7-5533-2711-2；ISBN 978-7-5533-2712-9

南京近代教育档案·教育规程

南京市档案馆　编

　　主要有部颁规程、市颁规程两部分。内容包括私立学校规程摘要、实施义务教育各项法规、实施失学民众补习教育办法大纲、总动员时督导教育工作办法纲领、工业职业学校学生利用工厂设备实习办法、国民学校教职员任用待遇保障进修办法、各省师范学校视导县市国民教育办法、荣誉军人就学公立中等以上学校办法、代用国民学校规程、著作发明及美术奖励规则、印行国定本教科书暂行办法及实行细则、国外留学规则、著作发明及美术奖励规则；南京市义务教育委员会组织规程、南京市社会局短期小学暂行办法、非常时期南京市民众学校暂行办法、南京市立中等学校教职员任用待遇服务及奖惩规则草案、南京市区公所筹设国民学校暂行办法、南京市立各级学校职教员考核暂行办法、南京市代用国民学校规则、南京市国民学校组织规程、管理私立中等学校暂行办法、南京市国民学校员工设置暂行办法等。

◎ 版本信息：南京市档案馆藏。全 1 册，定价 1000 元，2019 年 12 月出版。
ISBN 978-7-5533-2710-5

南京近代教育档案·教育计划

南京市档案馆　编

　　主要有部拟计划、市拟计划、校拟计划三部分。内容包括全国实施国民教育第二次五年计划、1947 年度与 1948 年度各省市教育工作计划编制要点；南京市公（私）立小学训育实施方案大纲、南京市实施国民教育第一次五年计划、南京市 1937 年度实施失学民众补习教育计划、南京市 1946 年至 1948 年度师范教育实施计划、南京市 1946 年与 1947 年度国民教育实施计划、南京市立医院高级护士职业学校规复计划、南京市教育局 1947 年度与 1948 年度工作计划及分月进度表、南京市职业教育 1947 年度设施概况及 1948 年度推行及改进计划、南京市农业职业教育办理情形及今后改进实施计划；南京市立五台山小学的战前战后京市小学教育之比较及今后应改进之点计划书、南京市立佘婆村乡区简易小学的计划书、南京市立第一中学的实验新型中学计划大纲等。

◎ 版本信息：南京市档案馆藏。全 1 册，定价 1000 元，2019 年 12 月出版。
ISBN 978-7-5533-2709-9